酒井忠清

上毛新聞社

目次

はじめに

酒井忠清《さかいただきよ》（1624 ～ 1681 年）は前橋藩酒井家第 4 代藩主であり、江戸幕府においては老中・大老として活躍した。江戸在住の忠清から前橋の家老たちに宛てた書状が今回の申渡状である。個人的な私信・書簡ではなく、公文書である。書状の内容が指示・命令を申し渡す形になっているため「申渡状《もうしわたしじょう》」と呼ばれる。

酒井忠清申渡状は酒井家関連史料群である『酒井家文書《もんじょ》』の中に 109 通が伝わる。忠清申渡状は一次史料（当時に当事者が記したもの）であり、江戸時代前期の前橋藩を知る上での一級の文書群である。しかし、『前橋市史』で多少の引用はされているものの利用は限られ、十分な活用がなされてこなかった。その最大の理由は、多くの文書が無年号であることによる。発給年が不明ならば利用は制限されてしまう。

2019 年、特定非営利活動法人まやはしが、申渡状 109 通の翻刻を出版した。文書内容の翻刻とともにほとんどの申渡状の発給年が特定・推定された。この出版によって利用し易さが格段に上がったと言える。

本書では、その成果を踏まえながら、申渡状の内容や当時の前橋の様子を述べていく。これらは、筆者の視点による記述であって申渡状の全てを紹介するものではないことをお断りしておく。

第１章　酒井忠清 申渡状の背景

第１節　酒井忠清に関する基本事項

確認の意味を含め、酒井忠清申渡状を読む前提として、忠清の略歴から始める。

江戸時代の前橋は、前半 148 年間を酒井雅楽頭家《うたのかみけ》、後半 118 年間を松平大和守家《やまとのかみけ》が治めた。酒井家の前橋藩治世 148 年間のうち、忠清は４代目で江戸時代初期、寛永《かんえい》 14 年（1637）に 14 歳で藩主となり、延宝《えんぽう》９年（1681）58 歳で息子の忠明（忠挙《ただたか》）に譲るまで 44 年間藩主であった。

忠清は、幕府では奏者番《そうじゃばん》（将軍への進物《しんもつ》の披露や、将軍からの御内書《ごないしょ》を大名に渡す役）の要にあり、格式の高い奏者番である「晴儀《はれのぎ》」の役を務めた。忠清はその他の幕府儀礼も司り、将軍徳川家の執事的立場であった。また、幕閣として老中筆頭を 30 歳から務め、43 歳で大老となった。老中・大老を 27 年間務めた。官職名の「雅楽頭」は、徳川家康が前橋藩第２代藩主の忠世《ただよ》に対して雅楽頭を称するよう指示したことから、以後、代々の藩主が称するようになった。それまでは雅楽助などを称していた。

忠清の経歴の概略は次の通りである。

寛永元年（1624）誕生
同 14 年（1637）14 歳で前橋藩主
同 15 年（1638）15 歳から幕府儀礼
慶安《けいあん》４年（1651）徳川家綱が 11 歳で将軍
承応《じょうおう》２年（1653）30 歳で老中筆頭
寛文《かんぶん》６年（1666）43 歳で大老
延宝８年（1680）57 歳で大老解任
延宝９年（1681）58 歳で隠居し、没

墓は前橋市紅雲町の是《ぜ》字《じ》寺《じ》龍海院《りゅうかいいん》にある。

伝 酒井忠清坐像　群馬県立歴史博物館所蔵　『前橋風・第3号』から転載

忠清は、将軍家綱の時代の寛文～延宝にかけて老中・大老を務めた。この時期は日本全体が戦時から平時への過渡期にあたり、家綱の時代に幕藩体制が確立された。その中心に忠清がいたのである。

老中筆頭や大老は、現在に置き換えれば内閣総理大臣だろうか。それを27年間も務めたわけである。忠清の任期中、幕閣の中心人物であった酒井忠勝、井伊直孝、松平信綱、阿部忠秋が死去したことから、忠清が中心になっていった。

忠清に権力が集中したこともあって、忠清は長らく専制政治家とされてきた。主な根拠として、「下馬《げば》将軍《しょうぐん》」の呼称、伊達騒動（仙台藩伊達家のお家騒動）と越後騒動（越後高田藩のお家騒動）への関わり、そして将軍後継問題（宮将軍《みやしょうぐん》擁立説）がある。

下馬将軍の一例として『江戸聞見録』の文がある。「前橋少将《しょうしょう》酒井雅楽頭、天下の権を握り、政事は巨細となく皆その手より出る（略）名付けて下馬将軍という。その心は城門下馬《げば》の牌《ふだ》以外の将軍と言うが如し」。忠清は将軍を凌ぐ権勢を持っていたという。ただし「下馬将軍」の呼称は忠清在職中のことではなく、後世の呼び名のようであり、忠

酒井忠清の墓（龍海院）

清の専制政治家像を作り上げるための呼称であったとされる。

伊達騒動では、忠清は藩主の隠居に老中として深く関わり、悪臣と結託して便宜を図ったといい、また、越後騒動では、大老の忠清が関わり、賄賂を受け取って一方の有利になるよう裁定した、という。近年では、この２つとも、忠清は積極的に関わったわけではなく、大老の権力をふるったものでないことが指摘されている。

そして、忠清専制の最たるものとして挙げられるのが将軍後継問題である。忠清は自分の権力を保持するために、家綱の後継として宮家の将軍を擁立しようとしたとされてきた。しかし、これは「下馬将軍」と同様に伝聞・噂でしかないことが近年の研究で分かっている。

第２節　前橋藩主としての忠清

忠清は前橋藩主として44年間在職した。在職中の働きを一言で言えば「藩政の確立」である。大きな事績《じせき》（功績、業績）は２点ある。①職制の整備（これは全国的な流れと同じ）②地方知行制《じかたちぎょうせい》から蔵米知行制《くらまいちぎょうせい》（俸禄制《ほうろくせい》）への転換、である（これらは後述する）。

領地の石高は、寛永14年（1637）の相続時は10万石であり、延宝8年（1680）には15万石となった。藩の領域としては現在の前橋市、伊勢崎市、玉村町、渋川市、沼田市、高崎市、藤岡市などに及んでいた。

老中・大老として多忙な忠清は前橋には7回だけ帰っている。少ない帰国を補うのが今回の申渡状である。取り上げる申渡状109通の原本は姫路市立城郭研究室に所蔵されている。原本を写したマイクロフィルムは前橋市立図書館に保管されている。これらは直筆ではなく、祐筆《ゆうひつ》（公文書を作成する係）が書いたものである。県外には直筆書状も存在するが県内にはないようである。

申渡状以外で、忠清と直接関係ある物で現在県内に残っているものは少ない。龍海院の墓地・位牌や前橋八幡宮・玉村八幡宮・三夜沢町《みよさわまち》赤城神社それぞれへの寄進状があるくらいである。その状況の中で、群馬県立歴史博物館に所蔵されている「伝 酒井忠清坐像」（7頁参照）の意味は大きいだろう。これまで忠清については、像も絵もないとされてきたからである。この「伝 酒井忠清坐像」

の本格的な考証が期待される。考証結果によっては、群馬県や前橋市にとってだけでなく、日本史研究の上でも一級の資料になるだろう。

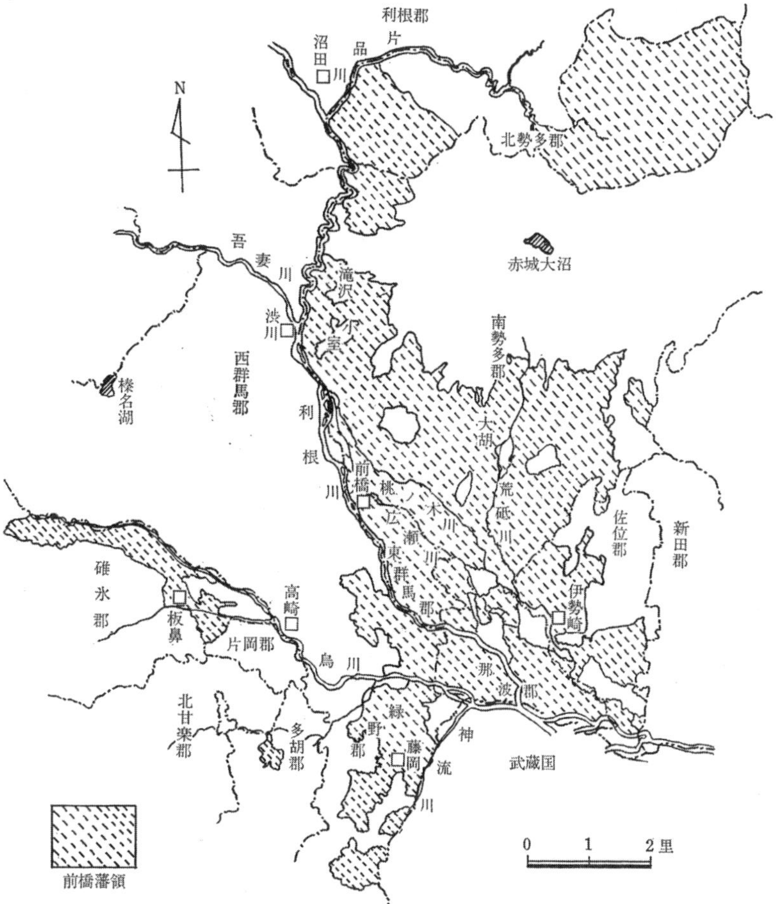

寛文４年上野国内所領図　『前橋市史・第２巻』より転載

第３節　忠清申渡状の意義

　繰り返しになるが、老中・大老の職務で忙しい忠清が前橋藩政に直接指示・命令を出したものが申渡状である。それが 109 通もあることが重要である（他にもある)。藩政を家老任せにせず、細かな指示を出していた。申渡状に登場する人物は家臣から百姓まで 400 人を超える。また、登場する地名も 72 町村と多い。細かいことまで忠清が掌握していたことが分かる。

申渡状は、「申し渡す」形式になっている。基本は上意下達の内容である。稀には、人事について前橋の家老たちの意見を求める箇所もある。

内容は結論を箇条書きにしたものが多い。そして、形式的には「委細は○○（使者の名前）が口上にて伝える」という「口上書《こうじょうがき》」の形になっている。忠清の意向を伝えるための「使者」が申渡状を持参している。

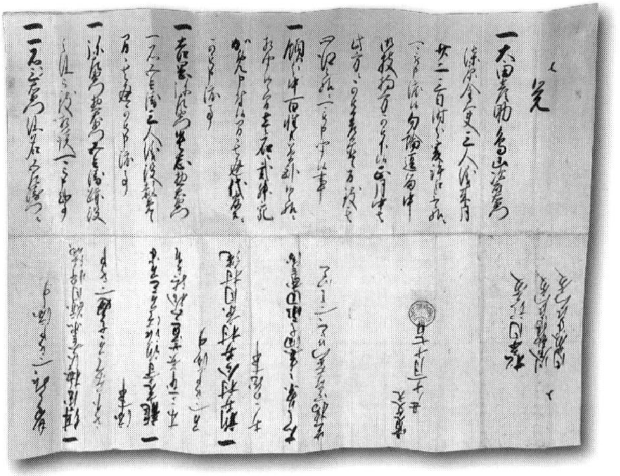

寛文元年 11 月 17 日付申渡状　姫路市立城郭研究室所蔵（酒井家文書Ｃ１－９）　小島純一撮影

申渡状は当時に書かれた確実な一次史料である。後世に書かれたものではなく、かつ、伝聞や評論ではない。ここに書かれていることは事実であり、動かせない。その点はいくら強調してもし過ぎることはないだろう。

第４節　申渡状の期間と宛所《あてどころ》（宛先）

申渡状は明暦《めいれき》３年（1657）から延宝８年（1680）までの 24 年間のものである。忠清が寛永 14 年（1637）に藩主に就き延宝９年（1681）に隠居するまでの 44 年間のうちの後半 24 年間にあたる。この 24 年間は老中・大老を務めていた時期と重なる。109 通は年平均では５通弱となる。

109 通中 11 通には発給年月日があるが 98 通は無年号文書《もんじょ》である。無年号文書について『前橋風・第 3 号』では発給年の特定を行い、不明な 8 通を除く 101 通について年代の特定・推定を行っている。101 通の発給年が全て確定・認定されているわけではないことを踏まえた上で 101 通の発給年を見てみると、全く発給のない年もあるものの年平均 4.2 通の頻度となる。

101 通の発給年の傾向を探るため、寛文 12 年（1672）の前後で比較してみた。寛文 12 年は家老年番制《かろうねんばんせい》が開始された年であり、藩の職制が大方でき上がった時期と推定されるためである。寛文 11 年以前の 15 年間での発給は 86 通あり、年平均 5.7 通。一方、寛文 12 年〜延宝 8 年の 9 年間では 15 通で年平均 1.7 通である。明らかに差がある。減った理由は不詳であるが、大老職で忙しかっただけでなく、藩の職制が整備されて家老たちに任せることができるようになったことも一因だろう。

申渡状の宛所（宛先）は 5 人（5 家）の家老のみで、他の家臣は入っていない。家老は、忠清からの指示・命令を受けて、それを家臣・領民に伝えることになる。宛所の 5 人とは、高須隼人《たかすはやと》、松平内記《まつだいらないき》、川合勘解由左衛門《かわいかげゆざえもん》、本多刑部《ほんだぎょうぶ》左衛門《ざえもん》、内藤半左衛門《ないとうはんざえもん》（代替わりして弥十郎《やじゅうろう》の場合もある）である。時期によって人数は変わるが、書かれる名前の順序はこの順番で決まっていた。内藤半左衛門は寛文 8 年（1668）に閉門となり、以降は宛所には出てこない。

24 年間の申渡状で、各家老の家では当主が代替わりしているが、当主は先代などと同じ通称（隼人や内記など）を使用するため、通称だけでは人物を区別できない。申渡状では当時の慣例として通称（官職名）が使用されているため、代替わりが分かりにくい。24 年間での、各家老ごとに通称・実名を併せて記して代替わりを示すと、高須家では高須隼人定成から高須隼人定次（高須隼人は寛文 4 年から宛所に加わっているが、寛文 4 年以降は定次と推定される）へ、松平家では松平内記重良から松平内記重正へと変わっている（『前橋風・第 3 号』では重良から重次へ変わったとしたが、その後の調べで 2 人の間の重正が抜けていたことが判明）。以下、実名だけで示すと、川合家では宗次→宗賀→宗秀、本多家では宗信→宗次→宗春、内藤家では正盛→正宣→正識、と変わっている。

忠清申渡状では、宛所の家老の名前には必ず漢字の「殿」が付いている。息子の忠挙の書状では平仮名の「との」になっている。忠清の代には家老の立場が相対的に高かったと言える。これは忠清が滅多に前橋に帰れないことによると考えてよいだろう。忠挙は幕府の要職に就かなかった関係で、前橋に帰る回数は多く、その分、家老の立場が下がっているのだろう。

第２章　109 通の申渡状の内容

申渡状の内容は、一言で表せば「多岐にわたる」という表現がぴったりである。政治のことから農民の生活までの全般にわたる。当時は藩主が直接決裁を行う「藩主親裁」であるため、大事から小事まで藩主が関わった。当時の藩主には藩の立法・行政・司法の三権が集中していた。現在で言えば市議会そのものであり市長であり地方裁判所長であろう。藩の職制が整備される前は特にその傾向が強い。

本書では申渡状に多く出現する内容や、トピックスの内容などを紹介する。その際、『前橋風・第 3 号』の各論で、酒井家初期家臣団、利根川の氾濫と前橋城の修復、前橋藩領内の水陸交通、寺院移転による城下再編については詳述されているので、本書では省く。

以下、発給年月日の年号に括弧が付いている文書は、原本は無年号であるが『前橋風・第 3 号』で特定・推定された年号である。発給年月日の末尾の括弧内の「姫」は姫路市立城郭研究室の文書番号、「前」は前橋市立図書館のマイクロフィルム番号である。

各文書は読み下し文と現代文で示す。ルビも含め全て責は筆者にある。

第１節　申渡状に多く出現すること

申渡状に頻回に出現するのは、役職人事、褒賞《ほうしょう》、刑罰、寺社外護の 4 項目である。

１）役職人事

いつの時代でも組織の重要事項は人事であり、役職の任免である。忠清申渡状でも人事関係の文書が圧倒的に多い。役職の任命と解任が、明暦 4 年（1658）の申渡状にある。この前後にも個別の人事が若干あるが、この申渡状には複数の役職の人事が書かれている。

明暦4年戌《いぬ》4月11日付（姫C1-5、前028-073）

一、福嶋善兵衛・大屋勘太夫、御代官《おだいかん》赦免、其《そ》の代《かわ》り加藤門兵衛・小屋理兵衛申し付け候事《そうろうこと》、
（福嶋善兵衛・大屋勘太夫は代官役を解任し、その代りに加藤門兵衛・小屋理兵衛に申し付けること。）

一、細井久太夫、御役御免《おやくごめん》、其の代《かわり》御金奉行に笠原市兵衛申し付け候事、
（細井久太夫は役職を解任し、その代わりの御金奉行に笠原市兵衛を申し付けること。）

一、加藤権左衛門儀、御役御免、二男に知行下《ちぎょうくだ》し置かれ、勘定《かんじょう》の者《もの》に申し付け候事、
（加藤権左衛門の件は、役職を解任し、二男に知行地を与えて会計の役目を申し付けること。）

一、片山七郎左衛門儀、内藤半左衛門組に申し付け、番《ばん》等致させ申すべき事、
（片山七郎左衛門の件は、内藤半左衛門組に入ることを申し付けて、役などをさせること。）

一、山本与左衛門、勘定の者に申し付け候事、
（山本与左衛門を会計の役目に申し付けること。）

以上の指示から、役職の任免の他、父と同じであろう役職に息子を任命したことなどが分かる。役職のうち、代官は一定の範囲の領地を担当し（忠清の代での代官の担当範囲は不明であるが、息子の忠挙の代では約1万石の領地ごとに1人の代官が置かれていた）、年貢の徴収を主に行った。御金奉行は城内金蔵の警備と出納管理を行った。

明暦4年に全体でどれだけの奉行があったかは分かっていない。年貢の徴収は藩にとっての最重要業務であったので、それを担当する代官は当然置かれていたほか、それ相応の数の奉行職は既にあっただろう。それは、（万治《まんじ》3年・1660年）11月23日付（姫C1-185、前035-147）の次の一文からも推測できる。

家中《かちゅう》の者ども、用《よう》の時分在々《じぶんざいざい》へ参り、隙明《すきあ》き次第《しだい》、自身奉公相勤《じしんほうこうあいつと》め、普請《ふしん》役人の儀は前々《まえまえ》の如く然《しか》るべき事、

（家中の者たちは、知行地に用事があるときは村々へ行き、時間が空けば藩の役目を勤めること。普請役人の件は以前の通りに行うこと。）

万治３年当時は、前橋藩では地方《じかた》知行制《ちぎょうせい》であった。地方とは農村のことであり、知行地は藩主から中級・上級家臣に与えられた（預けられた）農地である。年貢は百姓からそこを知行地とする家臣に納められ、家臣はそれを生活の糧《かて》とした。そのため、家臣は管理する知行地に「用の時分在々に参る」必要がある。家臣が知行地を預かる見返りが奉公（戦時に自分が戦に出ること）である。本来の奉公は戦時に藩主の家臣として戦うことだが、平時では藩の仕事（行政的な仕事など）があった。これが「自身奉公」であろう。

行政的な奉公の役職系は「役方《やくかた》」と言われた。それに対して、戦時の奉公の役職系は「番方《ばんかた》」である。本来、武士の本職は戦闘であり、藩は藩主を長とした軍団である。忠清当時の番方の組織の詳細は不明であるが、組頭《くみがしら》（家老）・城代－番頭《ばんがしら》－物頭《ものがしら》－組頭（鉄砲組頭など）・○○番頭－○○番－小姓－足軽－中間《ちゅうげん》、という役であったと思われる。「組頭」が２つあるが、前者の組頭（家老）は 500 人前後を、後者の組頭（鉄砲組頭など）は 10 ～ 20 人を率いた。それに対して、行政職の「役方」は事務方である。こちらは、家老－年寄－奉行－代官－足軽－中間－手代、という役であっただろう。

万治３年には既に相当程度は役方（行政職）に移行していたようだ。それが翌年の（万治４年・寛文元年、1661 年）丑《うし》６月 19 日付文書《もんじょ》（姫 C1-30、前 032-087）ではっきり分かる。21 もの奉行の任命などが指示されている。この文書は『前橋市史・第２巻』でも引用されている。これだけまとまった人事任命書は他にはないため、本書でも紹介する。

弓奉行	石川市兵衛・桐渕九兵衛
鉄炮奉行	岩松九右衛門・遠藤喜右衛門・下田助左衛門
買物奉行	宇野理左衛門・靏田仁兵衛
船奉行	池谷次郎大夫・福嶋七郎左衛門
山奉行	落合四郎右衛門・中村作右衛門
関奉行・道橋奉行	宇野吉兵衛・鳥居次郎兵衛
伝馬奉行	片山藤兵衛・柴山源兵衛
土蔵奉行	新美源左衛門・佐治権大夫・濱嶋弥大夫
借金奉行	市石三右衛門・池谷半右衛門

闕所《けっしょ》奉行	山田左平次
大工奉行	金沢彦左衛門・中嶋孫左衛門
古木筏《こぼくいかだ》奉行	金沢弥次右衛門・片山七郎左衛門
扶持方《ふちかた》奉行	松崎八郎兵衛・笠原市兵衛
闕所金預奉行	大目付請け取り、土蔵に別に指し置き申すべき事
道橋奉行	赦免の事
鍛冶奉行	赦免の事
払物《はらいもの》奉行	十分一大豆麦、納所《なっしょ》致させ払い申すべき事、
椀家具柿紙《かきがみ》奉行	靏田権左衛門・有馬藤右衛門
縄萱炭割木奉行	秋間新左衛門・原弥右衛門
糠藁草奉行	川端左内・萩原七右衛門
味噌魚奉行	田嶋次兵衛・近藤新右衛門

右の通り、申し付けらるべく候

忠清の代のそれぞれの奉行職がいつからあったか、どんな内容だったかを知る正確な史料はない。職務内容はおそらく奉行職の名称そのものが示す仕事だったのであろう。船奉行とは江戸で必要な米や薪《まき》などの物資を送ることに関係する奉行である。当時は利根川を利用した（後述）。闕所奉行とは、他の刑罰に合わせて科せられた財産没収や没収された土地を扱う奉行である。払物奉行は、納所（年貢として納めること）した大豆や麦を売り払う責任者である。払物奉行に関しては、前年の（万治 3 年・1660 年）11 月 27 日付文書（姫 C1-187、前 035-170）に次のようにある。

惣《そう》じて払物役人これ無く候間《そうろうあいだ》、申し付け然るべき事、
（売り払う物を担当する役人が置かれていないので、申し付けるのが適切である。）

万治 3 年にはまだ払物奉行はなく、払い物を担当する役人を置くよう忠清から指示が出されている。この指示を受けて翌年万治 4 年・寛文元年に払物奉行ができたことになる。これは払物奉行に限らず、この頃、必要に応じて奉行職が順次、置かれるようになっていたと考えて間違いないだろう。

寛文元年の 21 の奉行職人事の後、翌寛文 2 年（1662）7 月には、奉行・代官・役人の 9 つの役職の人事任命、寛文 3 年（1663）には 4 つの奉行・代官

の人事がなされている。寛文４年（1664）には個別の人事の指示の他に、５月には「代官替え、諸役人替え、書付《かきつけ》の通り申し付け然るべき事」（姫 C1-10、前 028-075）とある。「書付」とは、先の 21 の奉行人事のような書付（人事一覧表だろう）を指すのであろう。寛文５年・６年は個別の人事があり、（寛文７年・1667 年）未《ひつじ》４月 27 日にも「別紙書付」があった。

当年、其許役替《そこもとやくがえ》の儀、別紙書付《かきつけ》の趣《おもむき》、一段尤《もっと》もに候《そうろう》、
（今年のそちら前橋での役替のことは、別紙の書付の内容は、全てその通りでよい。）

人事の書付は、（寛文 10 年・1670 年）戌《いぬ》５月９日付（姫 C1-52、前 036-133）にも「書付の通り、役替申し付くべき事」とある。

『前橋市史・第２巻』では、寛文 10 年前後に藩の支配機構が確立したとしているが、寛文 12 年（1672）が職制整備の一応の完了時期だったと考えられる。それは、寛文 12 年５月１日に家老勤方条々《つとめかたじょうじょう》（『姫陽秘鑑《きようひかん》・巻 47』。「勤方条々」とは職務規定）が定められて家老年番制《かろうねんばんせい》が導入されたこと、及び、５月８日には代官勤方条々（『同上・巻 21』）が、５月 10 日には家臣の心得（『同上・巻 31』）がそれぞれ定められていることからである（『姫陽秘鑑』の記載は『酒井家史料《さかいけしりょう》』に所収されている）。そして、12 月には高須隼人以下の家老を加増する一方で、地方知行制をやめて蔵米知行制（俸禄制）に変更された（『六臣譚筆《ろくしんたんぴつ》』。『前橋市史・第２巻』では寛永 13 年としているが、原文書では寛文 12 年である）。寛文 12 年が大きな転換点であったのだろう。ただし、家老年番制や蔵米知行制移行などに関係する内容は申渡状にはない。

（『姫陽秘鑑』は酒井家藩主の事績と「武備」・「城郭」などのテーマごとの史料を編さんしたもので、全 59 巻からなる。『酒井家史料』は酒井家藩主の事績を編年体で編さんしたもので全 125 冊である。『六臣譚筆』は酒井家家臣６人が家中の出来事を記した著書。これらは酒井家に関する基本的な書物である。）

なお、地方知行制では、藩の領地は２種類あった。中級・上級家臣が管理する知行地と藩主が直轄する蔵入地《くらいりち》とである。知行地は家臣が管理し、年貢は家臣に納められたことは既述した通りである。一方、蔵入地の年貢は百姓から藩主に納められた（代官などの役人が介在するが）。蔵入地の年貢は藩主や家族のために使用されるとともに、下級武士たちへの扶持米《ふちまい》（毎月支給される俸禄

『姫陽秘鑑・巻１』～『同・巻８』　姫路市立城郭研究室所蔵　小島純一撮影

米）・切米《きりまい》（年 3 回支給される俸禄米）として支給された。蔵米知行制では家臣の知行地はなくなり、藩領は全て藩主が支配する蔵入地となる。全ての年貢は一旦は藩主に納められ、そこから上級～下級のすべての家臣に対して石高に応じて米や金銭が支払われることになる。その事務・行政作業の規模が大きいので、役方の職制が整備されていないと実施できないことになる。役方が整備されたが故に蔵米制に移行できた、とも言える。蔵米知行制への移行は、藩主による支配機構が整備されたことを意味する。

さて、人事の際、前橋の家老たちからの案も出させている。例えば、（寛文５年）巳《み》 10 月 29 日付（姫 C1-40、前 036-189）がある。

一、六郎左衛門跡《あと》の普請《ふしん》奉行役人、相談致し、申し越すべき事、
（秋生六郎左衛門の後任の普請奉行の役人を相談し、こちらに報告すること。）
一、代官に申し付け然るべき者《もの》二、三人相談致し、申し越すべき事、
（代官に申し付ける適任者２～３人を、相談してこちらに報告すること。）

以上は人事異動の指示であるが、新規に召し抱える者もいた。召し抱えも人事の一環である。個別の召し抱えの指示は所々にあるが、次の２通の文書は新

規召し抱えがまとまって書かれている。

万治元年戌《いぬ》（1658）閏《うるう》12月19日付（姫C1-7、前036-134）
一、廿《にじゅう》人扶持《ふち》　松平宇右衛門
一、三人扶持　塩沢喜左衛門
一、弐《に》人扶持　細野長左衛門
一、弐人扶持　藤木十兵衛母
一、弐人扶持　米津伝四郎母
　　右は十一月より相渡《あいわた》し申すべく候、
一、三人扶持　岡田造酒《みき》之助
　　右は十二月より相渡し申すべく候、
一、三人扶持　福田清十郎
　　右は十一月より相渡し申すべく候、
一、金子九両弐分　同人
　　右は御鼻紙代《はながみだい》、御仕着代《しきせだい》、来二月より相渡し申すべく候、
　右、書面の通り、相渡すべき者《もの》也、

御鼻紙代は些少の金銭、仕着代は衣服費である。必要経費として出したのだろう。この中で、松平宇右衛門だけが20人扶持と特に高い。それは松平宇右衛門が家老の松平内記の縁者だった関係がある（『六臣譚筆』）。宇右衛門は当初は江戸詰《づ》め（江戸勤務）であったが、寛文9年（1669）には前橋に移り、松平内記組に編入される。この頃には姓を押鴨《おしがも》と変えている。後年の、元禄《げんろく》14年（1701）の家臣屋敷割では十人小路《じゅうにんこうじ》（前橋城内の車橋門《くるまばしもん》と三之門との間の道路。城の中で主要道路）に564坪の鴛鴨《おしがも》要人（寛文9年の押鴨宇右衛門の息子だろう）の屋敷地がある（『酒井家史料・38』）。鴛鴨家は後年

『酒井家史料・20』～『同・22』　前橋市立図書館所蔵

には年寄に就く。

もう１通は（寛文７年・1667）未《ひつじ》４月28日付（姫C1-45、前032-089）文書である。

一、萩原三郎兵衛・杉七右衛門・久保権兵衛・斎藤甚丞・近藤武左衛門・田中嶋彦兵衛、右の者ども召《め》し出《いだ》し候間《そうろうあいだ》、其の通り申し渡すべき事《こと》、
（萩原三郎兵衛・杉七右衛門・久保権兵衛・斎藤甚丞・近藤武左衛門・田中嶋彦兵衛、右の者たちを召し抱えるので、その通り申し渡すこと。）
一、蓮道庵の儀は、十人扶持、下し置き候間、其の通り申し渡すべき事、
（蓮道庵のことは、10人扶持を与えるので、その通り申し渡すこと。）
一、前橋にて中間《ちゅうげん》不足候由《そうろうよし》、左候《さそうら》はば、召し抱え然《しか》るべき事、
（前橋では足軽の下の中間が不足とのこと、そうであるならば、召し抱えるのは当然である。）

蓮道庵は医師であり、７年後の延宝２年（1674）には解雇される（後述）。

2）褒賞

人事管理では賞罰は必須である。賞罰に関する申渡状もかなり多い。まずは褒賞から見ていく。褒賞は「精《せい》を出《いだ》し」、「情《せい》を入れ」（ともに、まじめに勤務すること）たことに対して行われており、金銭を与えることや加増を行っている。金銭は一時的なものだが、加増は将来にわたって継続して行われるものである。また石高の加増は、家臣においては家格《かかく》（家の格式）が上がることを意味する。

金銭では以下のようである。

（寛文５年・1665年）巳《み》３月４日付（姫C1-39、前035-154）
鉄炮《てっぽう》奉行桐渕九兵衛・石川市兵衛、精を出《いだ》し候間、褒美《ほうび》として銀子壱枚《ぎんすいちまい》宛下《ずつくだ》し置かれ候、
（鉄砲奉行の桐渕九兵衛と石川市兵衛は、精を出して勤めてきたので、褒美として銀子を１枚ずつ与えるように。）

他の箇所個所では「褒美として代物《だいもつ》（代金）2 貫文《かんもん》（銭 2,000 文）」、「褒美として金子《きんす》1 両」というものもある。

加増については、米、扶持での昇給があった。

万治 2 年（1659）6 月 17 日付（姫 C1-8、前 036-196）
有川三右衛門儀、勘定役相《あい》勤め候由《よし》に候間、加増《かぞう》として八木拾俵下《はちぼくじっぴょうくだ》し置かれ候事、
（有川三右衛門のこと、勘定役を勤めてきたとのことなので、加増として米 10 俵を与えること。）

他の箇所では、「4 人扶持を加増し、合計 10 人扶持にする」、「5 俵を加増」、「1 人《いちにん》扶持を加増」、「扶持方《ふちかた》・切米《きりまい》とも加増し、合計 2 人扶持で 20 俵にする」などもある。

加増で最高のものは 50 石の加増である。

（寛文 4 〜 6 年・1664 〜 1666 年）9 月 5 日付（姫 C1-156、前 035-498）
宇野理左衛門・大嶋惣右衛門両人、役儀精《やくぎせい》を入れ候について、加増五十石宛《ずつ》、下し置き候間、其の意を得《う》べく候、
（宇野理左衛門と大嶋惣右衛門の 2 人は、役儀をまじめに務めたため、加増を 50 石ずつ与えるので、それを心得るように。）

宇野理左衛門は、寛文元年（1661）に買物奉行、寛文 3 年（1663）に代官、上記の寛文 4 〜 6 年に 50 石加増、寛文 7 年（1667）に勘定奉行になっている。50 石加増後に勘定奉行になっていることから、家格を引き上げた上で勘定奉行職を命じたのかもしれない。他にも 50 石加増の例があるが、理由は「奉公、情《せい》を入れ」、「常々《つねづね》情を出し奉公相勤め」など、まじめに勤めたことが理由となっている。

何石の加増かは不明だが、加増後に 100 石になった者もいる。当時は 100 石を超えるかどうかは家格にとっては重要な分岐点になった。

（寛文 7 年・1667 年）6 月 15 日付（姫 C1-127、前 036-207）
宇敷市左衛門儀、常々情《せい》を出し奉公相勤め候について、加増下し置き、

都合《つごう》百石に申し付け候、其の意を得べく候、
（宇敷市左衛門の件は、日ごろまじめに役職を働いているため、加増して合計 100 石取を申し付ける。心得るように。）

以上の褒賞は中級クラスの家臣を中心としたものだが、他にも、名主と思われる者たちに「１人扶持ずつ」、絵師に３人扶持、鷹匠に代物２貫文を与えるなどもある。

3）刑罰

次に刑罰を見ていく。刑罰の申し渡しも多い。その多くは「成敗《せいばい》」と「所払《ところばらい》」（追放）である。成敗とは処罰すること全般を指す場合もあるが、申渡状では盗みの罪などで「成敗」を申し付けていることから推定すると「成敗＝斬罪」の意味と考えられる。

刑罰の申し渡しの代表的な文書から抜き書きして挙げる。この文書も含め、１通の文書で刑罰がまとまって申し渡されている場合がときどきある。あるいは、刑罰以外の様々な内容の条（項目）が申し渡される１通の中に、刑罰の条が幾つか含まれる場合もある。

（万治２年・1659 年）４月３日付（姫 C1-102、前 036-197）
一、玉村町《たまむらまち》裏、四郎左衛門所《ところ》へ夜盗《やとう》に入り候《そうろう》五人の者、はりつけ然《しか》るべく候、去《さ》りながら、此の以前より右の通りの悪名者成敗候《あくみょうものせいばいそうら》はば、此度《このたび》五人の者も成敗《せいばい》申し付くべき事《こと》、
（玉村町裏の四郎左衛門の所へ夜盗に入った５人の者は、はりつけの刑が適切である。しかし、以前より右の通りの悪事を行った者は成敗（斬罪）しているので、今回の５人の者も成敗を申し付けること。）
一、女渕村《おなぶちむら》盗人、絹一疋《ひき》、右物取《ものと》り候由《よし》、是又《これまた》成敗申し付くべき事、
（女渕村の盗人が絹一疋—絹２反《たん》、着物２着分—を取ったとのこと、これもまた成敗を申し付けること。）
一、引田村《ひきたむら》にて蔵の米壱俵《いっぴょう》盗み候由、是又《これまた》成敗申し付くべき事、
（引田村にて蔵の米を一俵盗んだとのこと、これもまた成敗を申し付けること。）
一、江戸にて成敗申し付け候中間《ちゅうげん》孫右衛門子弐人《こににん》の儀、払い申すべき

由《よし》、尤《もっとも》に候、其の通り申し付くべき事、
（江戸で成敗を申し付けた中間の孫右衛門の子ども２人の件、追放にするとのこと、尤もである。その通りに申し付けること。）

一、先日、死罪に申し付け候、増田村《ますだむら》盗人九兵衛悴《せがれ》、其許町《そこもとまち》理右衛門と申す者の所に召《め》し仕《つか》い候由、此の者は所を払い然るべき事、
（先日、死罪を申し付た増田村の盗人九兵衛の息子を、そちらの町の理右衛門と言う者のところで召し使いとして雇ったとのこと、この者―理右衛門―は追放とするのが適切である。）

一、板屋町《いたやちょう》久兵衛・庄九郎、欠落仕《かけおちつかまつ》り候、右の母・妻子是又払い申すべき事、
（板屋町の久兵衛と庄九郎が欠落―逃亡・失踪《しっそう》―したので、その母親と妻子はこれまた追放にすべきこと。）

夜盗、絹一疋や米１俵を盗んだ場合など、盗みは全て成敗（斬罪）の刑である。他の申渡状では、「盗賊」で成敗、「不届者《ふとどきもの》」のため成敗、「重々《かさねがさね》不届者」のため成敗、「蔵に入った盗人」も成敗となっている。また、「重科」（内容は不明）ではりつけ、謀判《ぼうはん》（印の偽造）ではりつけ、「徒《いたずら》」（罪の内容は不詳）で死罪、もある。

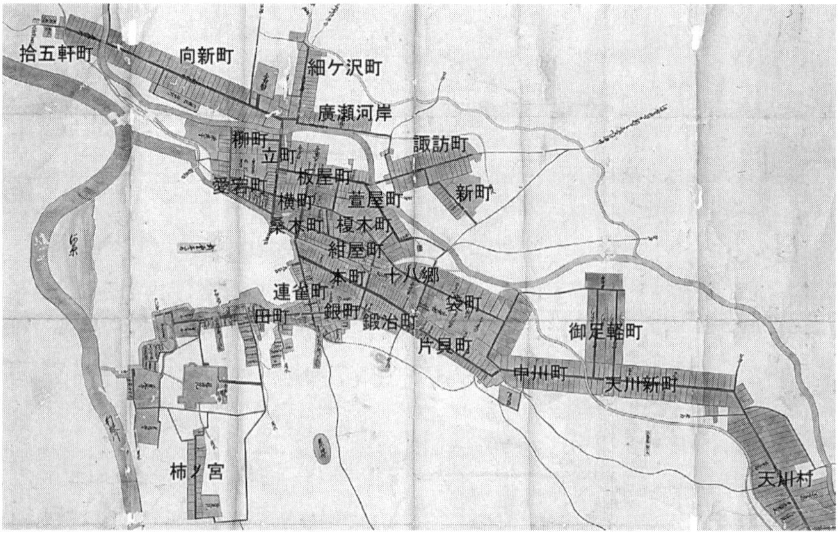

前橋外曲輪御絵図（天和４年、1684 年。前橋市立図書館所蔵・酒井１－４）に町名をゴシックで加筆

所払（追放）の罰は、本状では罪人の子ども・母親・妻に対してと、罪人を雇った者に対して行われている。他の申渡状では、ばくち打ちに宿を提供した者や「不届者」（内容不明）、盗賊の養父が所払いになっている。

本状中の欠落《かけおち》は、「駆け落ち」（周囲に結婚を反対されている男女が他の場所に行って暮らすこと）とは異なる。領民が、生活が苦しくなったりして逃亡・失踪することである。欠落への対策については、（延宝5年・1677年）巳《み》12月17日付（姫C1-41、前036-203）の文書に次のようにある。

城下連雀町《じょうかれんじゃくちょう》、儀左衛門并《なら》びに世悴《せがれ》平大夫儀、春中欠落《かけおち》仕り候につき、尋《たず》ね出《いだ》し候様《そうろうよう》にと一類《いちるい》の者どもに申し付け、今に相《あい》尋ね候《そうら》えども尋ね出し申さず候由《そうろうよし》、左候《さそうら》はば、永々《ながなが》の儀《ぎ》に候間《そうろうあいだ》、赦免申し付くべき事、

（城下の連雀町の儀左衛門並びに息子の平大夫のことは、年初に逃亡したことについて、見つけ出すようにと親せきの者たちに申し付けて、未だに見つけ出せないとのこと、そうであるならば、長期間になっているので、許すことを申し付けること。）

春とは陰暦の1～3月である。この文書では、年初に欠落して12月に赦免が出されているので、1年間弱の捜索をさせたように読める。一般的には、江戸時代中期以降での欠落の捜索期間は最長180間（約6カ月）だったとされる。前橋藩でも180日間の捜索であったものの届出と赦免との間が空いてしまったのかもしれない。あるいは、江戸時代初期の前橋藩では実際に1年弱捜索させたのだろうか。

欠落の捜索とは別に、殺人事件などの犯人を探すために、嘱託金《そくたくきん》（属託金。懸賞金のこと）を掛けることもあったことが『直泰夜話《なおやすやわ》』（酒井家が前橋から姫路に移った寛延2年・1749年以降に、前橋時代の出来事を回顧的に書いた書物）223項に載っている。忠清の代には5件あった。寺院に夜盗に入り修行僧を殺害した事件や虎ケ渕《とらがふち》の塀の柱根から出火した（放火だろうか）事件などで懸賞金を掛けている。50両を掛けることもあった。そこから類推すると、次の文書はおそらく嘱託金であろう。具体的な事件の内容は不明である。

（万治4年・寛文元年、1661年）丑《うし》6月19日付（姫C1-31、前036-136）
内々の穿鑿《せんさく》について、金子《きんす》五拾両、掛けさせ申すべく候事、

（内々の調査・探索について、金子 50 両を掛けさせること。）

刑罰としては、この他、これまでに挙げた罪とは異なる性格のものが 1 件ある。藤岡領の 5 人が行った強訴《ごうそ》（越訴《おっそ》ともいう。代官や名主を集団で訴えたもの）と推定される者たちに対する入牢である。強訴の処罰が見られるのは 109 通の中でこの 1 カ所だけである。

（万治 2 年・1659 年）4 月 3 日（姫 C1-102、前 036-197）
藤岡領五ヶ村《ごかそん》、訴訟《そしょう》に罷《まか》り出《い》で候者穿鑿《ものせんさく》致し、五人籠舎《ろうしゃ》に申し付け候由《よし》、尤《もっとも》に候、先々籠《さきざきろう》に差し置き然るべき事、
（藤岡領の 5 つの村で願い出た者を詳しく調べて、5 人に入牢を申し付けたとのことは尤もである。今後、牢に入れたままにするのが適切である。）

「訴訟」の語句は申渡状には頻回に出てくる。現在イメージする裁判関連の訴訟ではなく「願い出」である。家臣が病気のために役職を辞退したいとき、病気のために番代《ばんだい》（本人に代わって息子や親族が役を務めること。後述）を希望するとき、隠居を希望するとき、屋敷を拝領したいときに「訴訟」が出された。あるいは、寺院で薪《たきぎ》などが必要なとき（後述）に願い出るものも訴訟であり、忠清から許可を得るために提出された。

ここまで、申渡状に出てる刑罰を見てきたが、ある特徴に気づく。対象がほとんどが領民であることである。家臣への刑罰は、これまで取り上げた範囲では「江戸にて成敗申し付け候中間」のみであり、まとまった形で家臣に罰を申し渡した文書はない。家臣の刑罰は次に挙げる「扶持放《ふちはな》ち」（解雇追放）7 人と閉門 2 人の計 9 人くらいである。

（寛文 12 年・1672 年）子《ね》 11 月 25 日付（姫 C1-27、前 032-086）
一、博奕《ばくち》打ち候同類《そうろうどうるい》、足軽の内にもこれ有り候間《そうろうあいだ》、足軽の儀、扶持放《ふちはな》ち申すべき事、
（博奕打ちをする仲間が足軽の中にもいるので、足軽のことは、解雇追放すること。）
一、又《また》もの博奕打ち候同類、是又《これまた》扶持放ち候様《そうろうよう》に、主人《しゅじん》ども方《かた》へ申し渡すべき事、

（家臣の家臣─陪臣《ばいしん》─で博奕打ちをする仲間は、これも解雇追放するように、主人である家臣たちに申し渡すこと。）

（延宝２年・1674 年）寅《とら》３月２日付（姫 C1-32、前 036-195）

一、蓮道庵儀、不届者《ふとどきもの》に候間、扶持放ち申し候事《そうろうこと》、

（蓮道庵のことは、不届者であるので、解雇追放すること。）

一、五十嵐三弥儀も、扶持放ち申し候事、

一、鷹師頭《たかしがしら》小柴五郎左衛門儀、大胡《おおご》両目付申し付け候儀、承引仕《しょういんつかまつ》らず候間、扶持放ち申し候、領分近辺《きんぺん》に罷《まか》り有らず候様に申し渡すべき事、

（鷹師頭の小柴五郎左衛門の件は、大胡の目付を申し付けたことを承知しないとのことなので、解雇追放するように。領分の近辺に居ないように申し渡すこと。）

一、餌指《えざし》市郎右衛門、不届者に候間、扶持放ち申し候事、

一、矢嶋茂兵衛組の足軽次郎右衛門 倅《せがれ》 次郎兵衛儀、不届者に候間、親子共《とも》に領分中払い申すべき事、

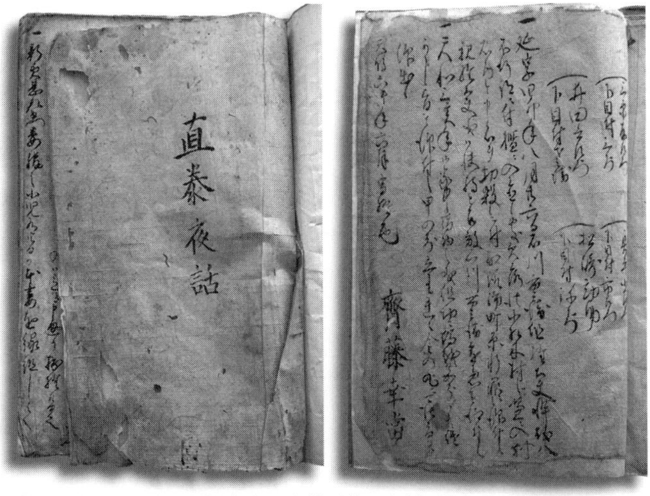

『直泰夜話』写本　前橋市立図書館所蔵　表紙（左）と奥付（右）

蓮道庵は既述した通り医師、五十嵐三弥の身分は不明、小柴五郎左衛門は鷹師頭（鷹匠の責任者）であり大胡目付を申し付けられる家格の家臣、市郎右衛門は餌指（鳥の餌を集める役）である。申渡状では１通の中に多くの条（項目）がある場合には、申し渡される順番（書かれている順番）は家格や身分の順になっていることが多い。五十嵐も小柴も医師の後の条に出てくることから、家

格は中級の下のほうであろう。そうだとすると、申渡状に登場する刑罰は、家格が中級～上級の家臣のものはほぼないと言える。

これらと趣が異なる刑罰が閉門である。

（寛文元年・1661 年）6 月 19 日付（（姫 C1-31、前 036-136）で中村仁右衛門の閉門を赦免し、寛文 7 年（1667）9 月 21 日付（姫 C1-13、前 036-87）で、目付に制止されたにも関わらず、受け取る予定の屋敷の竹木を伐採した長坂伊左衛門に閉門を申し付けている。中村仁右衛門と長坂伊左衛門については家格などは不詳である。閉門に関する条は 109 通の中でこの 2 通だけである。寛文 8 年（1668）2 月の家老の内藤半左衛門の閉門も申渡状では触れていない。

申渡状では、家臣への刑罰は少なくかつ中級以上の家臣ではほぼなく、領民の刑罰が圧倒的に多い。それに対して、『直泰夜話』では申渡状とは逆に、領民のものは極めて少なく、武士が多くなっているという（『前橋市史・第 3 巻』）。『前橋市史・第 3 巻』では、『直泰夜話』に書かれた前橋時代の 66 件の刑罰を論じていて忠清の代の刑罰を 10 件挙げているが、その 10 件は今回の申渡状には 1 件も出てこない。

家臣への刑罰が申渡状にほとんど出てこない理由は定かではない。それらの刑罰の文書が脱落したのか、あるいは、家臣への刑罰の通達は申渡状とは別な形でなされたのか、いずれかであろう。脱落とした場合、『直泰夜話』に書かれている罰が申渡状に 1 件や 2 件はあってもよさそうだが、全くない。その点からは、申渡状とは別な形で通達されたと考えるのが妥当かもしれない。

因みに『姫陽秘鑑』では「巻 40」が刑罰の巻であるが、忠清の時代で該当するものはなさそうである。

4）寺社外護

領内にある寺院や神社を外護する申渡状も多い。代表的な文書を抜粋して挙げる。

（寛文 7 年・1667 年）未《ひつじ》11 月 28 日付（姫 C1-46、前 036-184）

一、赤城之宮の葺替《ふきかえ》、来春に罷《まか》り成り申し付くべき事、

（三夜沢村の赤城神社の葺替は来春に行うよう申し付けること。）

一、日輪寺《にちりんじ》観音堂の葺替、来春申し付くべき事、

一、龍海院畳表替《りゅうかいいんたたみおもてがえ》、申し付くべき事、
一、養行寺《ようぎょうじ》の客殿葺替并《なら》びに庫裏《くり》立て直し申すべき事、
一、関根村金剛寺薪《こんごうじたきぎ》訴訟について、枝木三拾駄《さんじゅうだ》下され候事、
(関根村の金剛寺の薪の願い出については、枝木を 30 頭の馬が運ぶ量を与えること。)
一、玉村領西箱田村常圓寺屋敷歩面《にしはこだむらじょうえんじやしきほめん》、水帳《みずちょう》に載せ候《そうら》えども、跡々《あとあと》より年貢は納まり申さず候由、左《さ》候はば、先規《せんき》の通り免許致すべき事、
(玉村領西箱田村の常圓寺の屋敷の面積は検地帳に載っているが、今後、年貢は納められないとのこと、そうならば、先例の通り、年貢地から除外することを許すこと。)

寺社の建物の屋根の葺き替え、畳表替え、庫裏建て直し、薪（枝木）30 駄、年貢免除などが指示されている。金剛寺の薪の使用目的は書かれていないが、他の箇所では江湖《ごうこ》（禅宗で一カ所に僧侶が集まって修行すること。江湖会のこと）のために薪を与える指示がしばしば出てくる。通常は 30 駄であるが、多い場合には 100 駄を与えることもある。あるいは金 5 両を与える場合もあった。家臣に家格によるランク付けがあるように、寺院にもランク付けがあったようだ。

この他、筵《むしろ》替え、萱《かや》 50 駄《だ》、破損箇所の修理、堂建立のため 65 本の木材を与える、などの指示が出されている。

第 2 節　申渡状に見るトピックス

以上は、頻回に出てくる項目である。それらほど多く出てくるわけではないが、従来言われてきた通説とは異なる事柄、あるいは申渡状で初めて明らかになったこと、そして、現在と比較して大きく異なる点などを挙げる。

1）相続

当時と現在とで大きく異なる 1 つは、家臣の隠居や相続には藩主の許可が必要だったことである。家臣の父から子への相続は当時の身分制度の特徴である。

家老の家と一般家臣の相続を示す。

（寛文４年・1664年） 4月21日付（姫C1-408、前035-474）
今度《このたび》、内藤半左衛門隠居赦免《はんざえもんいんきょしゃめん》、弥十郎《やじゅうろう》に家督《かとく》、其の上、半左衛門組《ぐみ》・役儀《やくぎ》等迄相替《まであいか》わらず申し付け候間《そうろうあいだ》、其《そ》の意を得《う》べく候《そうろう》、委細《いさい》、境野頼母《よりも》申し聞かすべく候、
（このたび、内藤半左衛門の隠居を許可し、息子の弥十郎に内藤家を相続させ、軍団である内藤半左衛門組と家老の役職をこれまで通りに申し付けるので、心得るように。委細は境野頼母が申し聞かせる。）

家老も含め、その家の当主の隠居・相続の際、家督を相続する人（多くは長男。相続は「嫡庶長幼《ちゃくしょちょうよう》」と言われ、正室の子である嫡子は側室の子である庶子より優先され、年齢が上の子が下の子よりも優先される）も指定される。寛文４年ごろの内藤家は800石の知行地《ちぎょうち》を預かり（800石取）、内藤組は400～500人の軍団（備《そなえ》）であり、役儀（役職）は家老であった。弥十郎は、800石取の家格である家督を継ぐとともに、軍団を統率する立場も引き継ぎ、家老の役職も引き継いだ。

内藤家の相続を通称・実名で記すと、半左衛門正盛が隠居して弥十郎正宣が家督を継いだ、ということである。弥十郎正宣は寛文７年（1667）ごろに通称を改称（改号）して半左衛門正宣となっている。そして、寛文８年（1668）2月に閉門の処分を受け、以後、申渡状の宛所から外れている。閉門が許されるのは延宝８年（1680）であり、半左衛門正宣から息子の粂之助《くめのすけ》正識に代替わりしている。

なお、寛文12年（1672）には内藤家はまだ閉門中であったが、この年に他の家老とともに加増されて1200石取になっている。このとき400石加増されて1200石になったので、遡《さかのぼ》って、寛文４年には800石だったと考えられる。延宝８年の粂之助は1200石の家督を継いでいる。

次は、ある家臣の相続の指示である。家老と比べればシンプルである。

（寛文元年・1661年） 6月19日付（姫C1-31、前036-136）
重田六兵衛跡式《あとしき》、世悴《せがれ》竹之助に下《くだ》し置かれ候事《そうろうこと》、
（重田六兵衛の家督や財産を世悴の竹之助に与えること。）

重田六兵衛が何石取の身分で何の役職だったかは不明である。

相続については申渡状では数カ所出てくる。それぞれ、「家督」、「跡式《あとしき》」、「跡目《あとめ》」の 3 つの語句が使用されている。隠居による相続を家督相続、死去による相続を跡式相続と呼ぶようであり、申渡状でも、家老の内藤家以外でも、隠居して家督を相続している家臣の例が 2 件ある。ただし、家臣以外では村の名主と思われる者の養子は「跡式・切米《きりまい》、下され候」（養父は死去していないよう）とあり、紺屋《こんや》（染め物屋）の場合（死去不明）は「跡目、倅《せがれ》弥助に下し置かれ候」となっている。この 2 つは死去による相続ではないかもしれない。つまり、「家督」と「跡式」・「跡目」の呼び方の違いは隠居・死去による使い分けではなく、家格や身分によって呼称が異なった可能性があるということである。これについては、「家督」相続の家臣の 2 例や重田六兵衛の家格が分かるとはっきりするのだが、3 家の家格は不明である。

このことについて参考になるのが前橋藩から分家した伊勢崎藩の相続の区分である。伊勢崎藩では、給人《きゅうにん》（知行取り）は「家督」相続、それ以下の身分では「跡式」相続や「立代《たちかわり》」相続であった（『伊勢崎市史・通史編 2』）。伊勢崎藩の区分は宗家《そうけ》（本家）である前橋藩の区分を反映しているだろう。とすると、前橋藩では伊勢崎藩と同様に家格と身分によって「家督」と「跡式」・「跡目」とを区分していたと考えられる。

相続については別に特記すべきことがある。相続の申渡状が余りにも少ないことである。相続に関する申渡状は上記で触れたものくらいしかない。24 年間で 10 家以下の相続などはあり得ない。知行取りの家臣だけでも 200 ～ 300 人はいた。「一代 30 年」（30 年で代替わりする）から単純に考えても 100 家を超える相続があってもよい。しかし、申渡状には残っていない。「背景」の「宛所」の項でも記したように、家老の各家では 2 ～ 3 回の代替わりがあったが、内藤家以外の家老の家での相続の申渡状さえないのである。

理由としては、今回対象にしている 109 通以外にも多くの申渡状があったということだろうか。あるいは、刑罰の項で述べたように別な形式の通達があったのだろうか。

2）火災の事後処理

忠清申渡状の明暦 4 年・万治元年（1658）の前半は、前年以来の火災の復旧に関する文書が多い。「前年以来の火災」とは、明暦3年の江戸での「明暦の大火」や前橋での火災が考えられる。前橋での火災は他の史料上では確認できていないが、申渡状の内容から、前橋でも火災があったことが分かる。

前橋城内にあった8つの寺院を城外に移転させ、その跡地を16人の家臣に割り当てている。8寺院とは、正幸寺、松竹院、長昌寺、大泉寺、妙安寺、浄妙寺、橋林寺、大蓮寺である。8寺院は明暦4年2月24日から近い日に城外へ移転したと考えられる。

各寺院の城外への移転については、『前橋市史・第5巻』には別々の移転年月と別々の移転理由が様々に書かれているが、忠清申渡状から、火災を契機に一斉に移転したことが明らかとなった。

移転した寺院の跡地を家臣に屋敷地として与える際、知行地の石高《こくだか》（身分の高さ）によって、屋敷地面積、屋敷規模が異なっている。与える屋敷地面積の基準が申渡状にある。

（明暦4年・1658年）戌《いぬ》2月6日付（姫C1-49、前036-190）

五百石取《こくとり》	七百五拾坪《じっつぼ》
三百五拾石取	五百坪
三百石取	四百五拾坪
弐《に》百五拾石取	四百坪
弐百石取	三百五拾坪
百五拾石取	三百坪
百石取	弐百五拾坪

与える広さの基準がここで示されているということは、このときに新規に定められたと考えられよう。これと全く同じ石《こく》数と坪数が『直泰夜話』131項に書かれている。そして『直泰夜話』には「前橋に於いて、給人《きゅうにん》に御屋敷仰《おお》せ下され候《そうろう》坪数、御定《おんさだ》め遊ばされ候、元禄7・8年の事なり」（前橋において、知行地を持つ家臣にお屋敷を下される坪数をお定めになられた。元禄7・8年のことである）とある。明暦4年の申渡状から明らかなように、石数と屋敷坪数は元禄7・8年（1694・1695）（忠挙の代）に決まったのではなく、明暦4年に忠清が決めたものである。

屋敷規模は、（明暦4年・1658年）戌《いぬ》2月6日付（姫C1-48、前035-148）と（同年）戌2月24日付（姫C1-50、前036-132）の2つの申渡状で分かる。屋敷

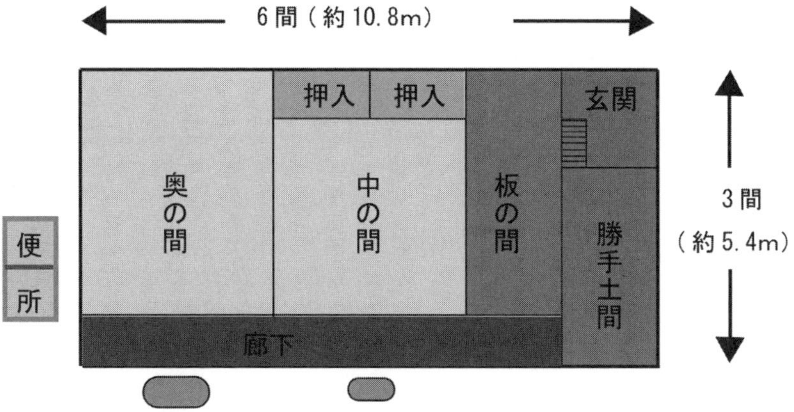

「3間に6間の家」のイメージ図　　茂木一彦作画

規模もこのときに決められたようだ。ただし、石数との関連は不明である。

三間張《さんけんばり》に八間《はっけん》の家一ツ　　二間張《にけんばり》に十間《じっけん》の長屋《ながや》
(奥行き・梁《はり》3間＝5.4m、間口《まぐち》8間＝14.4mの本人の家と、奥行き2間＝3.6m、間口10間＝18mの主人の家来や使用人・奉公人たちが住む長屋)
三間張に六間《ろっけん》の家一ツ　　二間張に十間の長屋
三間張に六間の家一ツ　　二間張に七間の長屋
三間張に六間の家一ツ　　二間張に五間の長屋
三間張に六間の家一ツ　　(長屋なし)

以上の5段階が書かれている。ここでの最上位の「3間張に8間の家＋2間張に10間の長屋」については、江戸の5人の年寄たちの屋敷であることは判明している。その他の家臣の立場（家格）が不明なため、立場と屋敷規模の相関は不明である。

被災者への援助は屋敷地を与えるだけでなく、様々な援助を行っている。具体的には、金銭を与える、金銭を貸して10年間で返済させる、足軽・中間（足軽のすぐ下の身分）・町人・百姓への援助も行っている。代表的な、明暦4年（1658）戌《いぬ》4月11日付（姫C1-6、前028-074）から抜粋して示す。

一、原田万助・荒川与兵衛、類火《るいか》に逢《あ》い候に付《つ》いて、万助に金子《きんす》六両、

与兵衛に金子三両御借《おか》し候事《こと》、

（原田万助と荒川与兵衛が類焼に逢ったことについて、万助に金子６両、与兵衛に３両を貸すこと。）

一、類火に逢い候者ども、諸々の借金、当年、差し上げ候儀、赦免の事、

（類焼に逢った者たちの諸々の借金は、今年の返済は免除すること。）

一、武田一閑・石坂宗偶、作事《さくじ》料、金子三両宛《ずつ》下され候事、

（武田一閑と石坂宗偶に、作事料を、金子３両ずつ与えること。）

一、藤田次兵衛・靍田権左衛門・多賀庄左衛門・靍田太郎右衛門・増尾久太夫・有川三右衛門・堀越七右衛門尉、右の者どもに金子弐両《にりょう》弐《に》分《ぶ》宛借《か》し来り、暮より拾年《じゅうねん》に上納申さすべき事、

（藤田次兵衛・靍田権左衛門・多賀庄左衛門・靍田太郎右衛門・増尾久太夫・有川三右衛門・堀越七右衛門尉、この者たちに金子２両２分ずつ貸して、暮から 10 年間で返済させること。）

一、類火に逢い候足軽御籏《おはた》の者・御留守居《おるすい》足軽拾八《しゅうはち》人、壱人《いちにん》につき代物《だいもつ》四貫文宛《よんかんもんずつ》、中間《ちゅうげん》 廿《にじゅう》 九人、壱人につき三貫文、御門番七人、壱人につき弐貫文宛借し来り、暮より拾年に上納申さすべき事、

（類焼に逢った足軽で御旗を持つ者と御留守居番の足軽の 18 人は、１人につき代金４貫文ずつ、中間 29 人は１人につき３貫文、御門番７人は１人につき２貫文ずつ貸し、暮から 10 年間で返済させること。）

一、町人・百性《ひゃくしょう》五拾五《ごじゅうご》人に壱人につき、木《き》大小三拾六《さんじゅうろく》本・小竹百本宛《ずつ》とらせ、麦身躰《しんだい》に応じ借し申すべき事、

（町人と百姓の 55 人には、１人について、木材の大小 36 本と小竹 100 本ずつ与え、麦は財産・身分に応じて貸すこと。）

最後の条は、金銭でなく現物支給として建築資材の大小の木材と小竹を与え、食料としての麦を貸している。

これらは明暦４年のことであるが、この年に限らず他の年にも火災はあり、その都度、麦を貸している。

また、火消しの道具の設置も明暦３・４年の火事を受けて明暦４年に「前橋にて、所々に火消しの道具申し付け、差し置くべき事」と指示し、後の、寛文５年（1665。推定）にも「火消しの道具、いよいよ沢山に申し付け然るべき事」と指示している。

3）地名「前橋」の表記

申渡状109通には「前橋」の表記が12回出てくる。「厩橋」は一切ない。前橋市域の呼称は忠清のこの時代は既に前橋に統一されていたと考えられる。

忠清は正保《しょうほう》2年（1645）までは「厩橋」を使用していたが、慶安《けいあん》2年（1649）以降は「前橋」を使用している。慶安2年1月17日の忠清から前橋八幡宮・玉村八幡宮・三夜沢町赤城神社の3社それぞれに宛てた寄進状は全て「前橋侍従源朝臣《あそん》酒井河内守《かわちのかみ》忠清」となっている（忠清はこのときはまだ雅楽頭を称していなかった）。また、幕府から忠清に宛てた承応《じょうおう》2年（1653）以降の老中《ろうじゅう》連署奉書《れんしょほうしょ》（老中が連名で出す幕府の公文書）でもすべて「前橋」である。さらに、前橋藩領であった伊勢崎市域の2つの村の寛文《かんぶん》7年（1667）と延宝《えんぽう》2年（1674）、前橋市域の1つの村の延宝8年（1680）の合計3村の名主の書状でも「前橋」となっている。慶安2年以降は、藩主忠清も幕府も名主も「前橋」を使用していたのである。

『直泰夜話』には「咸休院《かんきゅういん》様御代、公儀へ御届《おとど》け有りて前橋と文字を御改《おあらた》め遊《あそ》ばされ候」（咸休院様＝忠挙の御代のとき、幕府へ御届けになって前橋と文字をお改めなされた）とある。しかし、忠清のときに既に公儀（幕府）からの老中連署奉書で「前橋」となっていることから、「改め」たのは忠挙の代ではなく忠清の代であったことは明らかである。

因みに、酒井家藩主が使用していた前橋の呼称の変化を示す。従来、忠世は厩橋《まやはし》だけを使用していたとされたが、忠世自身も「前橋」を使用していたこと

藩主	在位	藩主本人	幕府	その他
重忠	1601～1617		厩橋	厩橋、(前橋)
忠世	1617～1636	まや橋、まやはし、前橋	厩橋	厩橋、(前橋、まへはし)
忠行	1636			
忠清	1637～1681	厩橋、前橋	前橋	厩橋、前橋
忠挙	1681～1714	前橋	前橋	前橋、まや橋

前橋藩主酒井家初代から5代までの前橋の呼称
空白は不明。括弧は正確な年代が特定できない史料での表記。

が分かっている。忠世の代や忠清の代の前半までは、「厩橋」と「前橋」が混用されていて、忠清が「前橋」に定めた（選んだ）と言える。

4）最上衆

4人の家老（内藤半左衛門は閉門中）の組（備《そなえ》。軍団）に5人の家臣を組み入れている文書がある。他の申渡状にも、家老の組に1～2人を組み入れる申渡状はあるが、本状のようにまとまって書かれているものは他にはない。特別なものだったと考えられる。

組み入れられている家臣の、山家、布川、八森、吉岡、原田の姓は最上衆《もがみしゅう》と重なる（『直泰夜話』47項）。最上衆とは、出羽国《でわのくに》（山形県と秋田県）山形藩57万石の最上氏が改易《かいえき》（領地没収）となり、その家臣のうちの17人（中級以上の家臣数か）が元和8年（1622）に酒井忠世（忠清の祖父）に預けられた。客分の扱いだったので、軍団としてはこのときまでは家老の組に属していなかった（「組外《くみはずれ》」）のだろう。最上衆のトップは本城団右衛門《ほんじょうだんえもん》であった。

寛文9年（1669）推定の次の文書は、最上衆を4人の家老の組に編入したものであろう。最上衆が解体（？）されて、酒井家の正式な家臣になったのだろう。本城団右衛門が使者になっているのも首肯される。

（寛文9年）酉《とり》5月23日付（姫C1-121、前035-495）
高須隼人組
　山家惣左衛門
松平内記組
　布川源左衛門
同人組
　八森七兵衛
川合勘解由左衛門組
　吉岡弥左衛門
本多刑部左衛門組
　原田九郎兵衛
右の通り、其《そ》の方達組《ほうたちくみ》へ入れ候間、其の意を得らるべく候、委細は本城団右衛門申すべく候也、

（右の通り、その方達の組へ入れるので、その意を承知するように。委細は本城団右衛門が伝える。）

最上衆は組外ではあったが、役は務めていた。次の文は番代許可の指示であり、役（役職は不明）を務めていたことが分かる。

（寛文５年・1665）巳《み》10月29日付姫C1-40、前036-189）
八森藤左衛門・吉岡弥左衛門両人儀、訴訟の通り、番代《ばんだい》申し付け候間、其の通り、本城弾（団）右衛門に申し渡すべき事、
（八森藤左衛門と吉岡弥左衛門の２人のことは、願い出の通り、番代を申し付けるので、その通り、本城団右衛門に申し渡すこと。）

この文書からも、八森と吉岡は本城の指示を受ける立場にいた最上衆であったと言える。

５）前橋城絵図の年代特定のポイント

申渡状には前橋城のことは城修復などのことが出てくるが、前橋城絵図のことそのものが書かれているわけではない。絵図そのものの記述はないが、前橋城絵図の年代を特定する際のポイントとなる内容が書かれている。

１点目は、先述した、前橋城内にあった8寺院（正幸寺、松竹院、長昌寺、大泉寺、妙安寺、浄妙寺、橋林寺、大蓮寺）が城外に移転したことである。移転は明暦２年（1656）２月～４月ごろである。明暦４年２月段階では８寺院はまだ城内にあった。8寺院が城内にある絵図は明暦４年２月以前と断定できる。現在までのところ、城内に８寺院がある絵図は発見されていない。

２点目は、（寛文４～６年・1664～1666年）４月25日付（姫C1-110、前035-146）の文書の職人の屋敷の場所についてである。

具足師《ぐそくし》太兵衛儀、屋敷望み候《そうら》えども、侍屋鋪《さむらいやしき》の並《ならび》に候間、無用に致すべく候、城外町屋《まちや》にて、似《に》合《あ》わしき所を取らせ申すべく候、向後《きょうこう》、職人抔《など》に城内にて屋鋪取らせ候の儀、入らざる儀に候事、
（具足師―甲冑などを作成する職人―の太兵衛が屋敷を望んでいるが、

侍屋敷に並んで屋敷があるのでこれはしてはならない。城外の町屋の中で似合わしい所を与えること。今後は、職人などには城内にて屋敷を与えることは不要である。）

寛文４～６年からは、前橋城内には職人の屋敷（おそらく姓名のうち、姓が書かれていず、名だけの表記だろう）はなくなっていくのだろう。

３点目は明暦４年戌《いぬ》４月 11 日の文書にある、伯耆曲輪《ほうきくるわ》・水曲輪《みずくるわ》の道路の形態である。

伯耆曲輪・水曲輪屋敷廻《やしきまわ》りの者どもこれ有るについて、道を付け、屋敷割り申すべく候、

（伯耆曲輪と水曲輪には屋敷の周囲を勝手に囲っている（？）者たちがいるので、道を付けて屋敷割りをするように。）

伯耆曲輪は前橋城の最東端の曲輪であり、冠木門《かぶきもん》から入った最初の曲輪である。ここを通って大手門に到る。家が雑然となっていたので、道を造って区割りをして屋敷割を決めるよう指示したのだろう。城の曲輪の配置・構造から推定すると、伯耆曲輪は大手門の大きな馬出《うまだし》（人や馬の出入りが見えないように門の外側に築いた土塁）とも考えられる。敵が冠木門から入って大手門に向かうと

寛文初期の前橋城絵図（前橋市立図書館所蔵。酒井１－９）
原図に曲輪名、門名を加筆した。

き、大手門で迎え撃つ構造だったのだろう。そのため、広場のようなまま残されていたのではないだろうか。そこに家臣屋敷が不統一に建てられていったのだろう。そのため、道をつけて整理したと思われる。

御勘定場　（先の絵図と同じ）　勘定場が伯耆曲輪の一画にある。

一方、水曲輪は城の中ほどで、南北に通じている曲輪である。曲輪の位置づけとしては、城の中枢である本丸・二之丸・三之丸を取り囲むように造られているのが土居曲輪であり、この土居曲輪をさらに取り囲むように造られた曲輪が水曲輪である。ここも、家臣屋敷が不規則に建てられていたのだろう。

伯耆曲輪と水曲輪が雑然としていたことは、これらが後から造られた曲輪であることを意味するのかもしれない。このことと、石数に応じた屋敷地面積を決めたこととを併せて推測すると、忠清の代に城内の整理が進んだのだろう。

現在知られている絵図では、伯耆曲輪と水曲輪の道は同じように描かれている。ということは、これらの絵図は全て明暦4年4月11日以降のものと言える。

4点目は勘定場《かんじょうば》である。3点目と同じ明暦4年の文書に勘定場の建築がある。

> 勘定場の儀、熊沢杢兵衛屋敷の跡に建て申すべき事、家の儀は大胡の家を引き取り申すべき事、
>
> （勘定場の件は、熊沢杢兵衛の屋敷の跡に建てること。建物のことは大胡の建物を引き取ること。）

明暦4年に勘定場を伯耆曲輪の熊沢杢兵衛屋敷跡に建てている。前橋城絵図では、勘定場は冠木門から城内に入ってすぐの伯耆曲輪にある。勘定場は明暦4年に新たに建てられているので、伯耆曲輪に勘定場（呼称は、勘定所、用場、評定所などと変わる。後述）が書かれている絵図は明暦4年以降と言える。

５点目は本城団右衛門屋敷の有無である。後に家老となる本城団右衛門の屋敷が、元和《げんな》8年（1622）～寛文9年（1669）に城内にあった可能性が高い。

「最上衆」の項で述べた通り、本城団右衛門は最上衆の一人として元和8年に酒井家の預かりとなった。そして、寛文9年の年号が書かれている11月29日付申渡状で「本城団右衛門本《もと》屋敷の長屋、川合五左衛門に下され候事、」（本城団右衛門の元の屋敷の長屋を川合五左衛門に下されること。）とあることから、長屋だけでなく屋敷もこの前後に川合五左衛門の名目に変わったと考えられる（川合五左衛門とは家老の川合勘解由左衛門の息子）。それを裏付けるように、年号は不明（寛文9年推定）だが6月19日付で「川合五左衛門儀、江戸詰《づ》め免《ゆる》し、其許《そこもと》にて奉公勤め候様《そうろうよう》にと申し付け候、次に本城団右衛門屋敷下《くだ》し置き候間、其の意を得べく候、」（川合五左衛門のことは、江戸詰めを解き、そちらで奉公に勤めるように申し付けた。また、本城団右衛門の屋敷を与えるので、その旨を承知するように。）とある。本城団右衛門は寛文9年には前橋の屋敷から立ち退いて江戸詰めとなったのだろう。

本城が江戸詰めになったのは、江戸の忠挙付きになった（なる）ためである。無年号であるが、寛文9～10年（推定）の5月14日付（姫C1-116、前035-477）の申渡状。

今度《このたび》、河内守方《かわちのかみかた》へ本庄（城）団右衛門儀附《つ》き候間、その意を得《う》べく候、
（今度、河内守＝忠挙へ本庄（城）団右衛門を付けるので、承知しておくように。）

なお、一般的には、江戸詰めの家臣は期間限定の単身赴任である。江戸の藩邸内の長屋に住み、地元に家族の住む屋敷があった。ただし、酒井家の場合、特に忠清の代には忠清が老中・大老を務めた関係で、江戸に定住（定府《じょうふ》）していた家臣が少なくなかったと考えられる。定住の場合、年寄には江戸藩邸内に屋敷が与えられていたことは、「火災の事後処理」の項で述べた通りである。

これは、家老も同様であっただろう。つまり、江戸詰めの家老や年寄などの最上級家臣には藩邸内に屋敷が与えられ家族も一緒に住んでいただろうから、前橋には屋敷はなかったと推定される。本城も川合五左衛門も最上級家臣に属するので、本城は前橋の屋敷から江戸の屋敷へ、川合は江戸の屋敷から前橋の屋敷に移されたということだろう。

その他の江戸定住家臣の場合、屋敷を与えられたか長屋住まいかは不明である。忠清が大老を解任された際は江戸の家臣数を減らして前橋城内などへ移している。江戸からの移住者が住んだ城内の区域の道は「江戸小路《えどこうじ》」と呼ばれた。前橋で新たに屋敷を与えているということは、江戸でも屋敷を与えていたと考えてよいだろう。どの身分までに与えたかは不詳であるが、数は多くはないだろうから年寄に次ぐ立場くらいまでか。

6点目は絵図の名称である。絵図に名称がつけられている場合、厩橋城か前橋城かで作成年が分かるだろう。先に「地名『前橋』の表記」でも述べたように、正保《しょうほう》2年（1645）までは「厩橋」の名称・表記が使用されていたので、絵図名が「厩橋城」ならば作成は正保2年以前であろう。慶安2年（1649）以降は「前橋」が使用されるようになるので、絵図名が「前橋城」ならば慶安2年以降の作成であろう。

最後に、焔硝蔵《えんしょうぐら》について触れておく。焔硝蔵は火薬・玉・鉄砲を保管する蔵である。『直泰夜話』240項では「同年（寛文6年）9月、只今までは御鉄砲玉薬《たまぐすり》、前橋御本城《ごほんじょう》に差し置かれ候ところ、御気遣《きづ》かいに思《おぼ》し召《め》し、下の城冷泉院《れいせんいん》屋敷へ移され候、」とある。それまでは本城（城の中枢部）にあった焔硝蔵（本丸の北にあったと考えられる）を下の城（下之城曲輪。後、冷泉曲輪）に移したとされる。つまり、焔硝蔵が下之城曲輪にある絵図は寛文6年9月以降のものである。焔硝蔵の場所は絵図の年代特定には重要であり、これに関する忠清申渡状があることが期待されたが残念ながらない。

6）番代

先の項でも述べたが、番代とは、当主が病気や老齢によって役を果たせない場合、当主に代わって息子などが一時的に役を務めることを指す。番代の許可は比較的多く見られる。

（寛文７年・1667 年）未《ひつじ》４月 28 日付（姫 C1-45、前 032-089）

一、上村喜左衛門、病気に罷り成り候について、番代訴訟の通り、悴《せがれ》三大夫に申し付け候事、

一、大嶋九郎左衛門、年も寄り候につき、番代訴訟の通り、悴勘之丞に申し付け候事、

番代は「相続の認められない下級武士が番代を利用して相続させた」とされている。しかし、今回の申渡状での番代は下級武士ではない。この文書の上村喜左衛門は別の申渡状で柴山源兵衛（伝馬奉行）の元の屋敷を拝領している。大嶋九郎左衛門は 100 石取である。当時はまだ家臣の石数が少ない時であり、100 石であっても彼らは上・中級の家臣である。他の文書にも番代の記載があり、寛永 6 年（1629）から数年以内の分限帳《ぶんげんちょう》（給与帳、身分帳）では 300 石取である上田左太夫に、また、同じ分限帳で 150 石取である松平孫三郎にも番代が許可されている。上田と松平の 2 人の家系は共に徳川家康から酒井家に付けられた上級家臣である。つまり、今回の申渡状での番代は、上級の家臣や奉行と同等の屋敷を拝領できる武士において番代が許可されているのである。そして上級・中級であるがゆえ、次の寛文 9 年（1669）の申渡状で、番代願いから隠居願いの届けに変えるよう命じることになるのである。

寛文９年酉《とり》９月 16 日付（姫 C1-14、前 032-102）
番代の訴訟重ねて申し上げまじく候、隠居の訴訟に申し上べき事、
（番代の願い出は今後は行わないように。隠居の願い出で行うこと。）

寛文 9 年をもって番代はなくなり、隠居願いに変わった。
番代について、『直泰夜話』107 項には次のように書かれている。

番代と申す事は、小泉又市長病《ちょうびょう》に付き相願い、倅《せがれ》次郎作を番代に仰せ付けられ候が初めなり、咸休院様御代、長病の者は番代を願い候様に仰せ付けられ候、七ケ年過ぎ候得ば隠居相願い候様に仰せ付けられ候、

（番代ということは、小泉又市が長病のために願い出て、倅の次郎作を番代に仰せ付けられたのが最初である。咸休院様の御代に、長病の者は番代を願い出るように仰せ付けられた。７年が過ぎたら隠居を願い出る

ように仰せ付けられた。)

忠清の代の寛文９年に番代は廃止しているので、『直泰夜話』に書かれている番代は忠挙の代に復活させたのだろうか。申渡状の中で「番代」の語句が最初に登場するのは、(万治３年・1660年) 11月23日付の「鳥山四郎左衛門が倅に番代を仰せ付ける」である。番代は戦国時代からあった制度・手段であるため、番代はこの申渡状以前からあった可能性が高い。

7) 再利用

家臣の屋敷や領民の家が焼失した場合には新たな資材で家を建てることは、これまで見てきた通りである。しかし、寺や勘定場などのような特殊な建物の場合には既存の建物の木材などを再利用している。

明暦４年 (1658) に城内の８寺院を城外に移転する際のこと。

戌《いぬ》２月24日付 (姫C1-50、前036-132)
(城内諸寺立《た》て直し候について、こぼち候寺の家、新地《しんち》迄人足にて相届け連々《つらつら》立て申すべく候事、
(城内にある諸寺を建て直すことについて、取り壊した寺院で使用していた建材を人足が新しい寺院の場所に運搬して念を入れて建てること。)

同じ年の勘定場のこと (再掲)。

勘定場の儀、熊沢杢兵衛屋敷の跡に建て申すべき事、家の儀は大胡の家を引き取り申すべき事、
(勘定場の件は、熊沢杢兵衛の屋敷の跡に建てること。建物のことは大胡の建物を引き取ること。)

勘定場の件は、おそらく旧大胡城にあった大きな建物を引き取って建築したのだろう。

勘定場が記されている前橋城絵図はいくつかあり、名称は以下のように変わっている。年代は筆者の推定である。

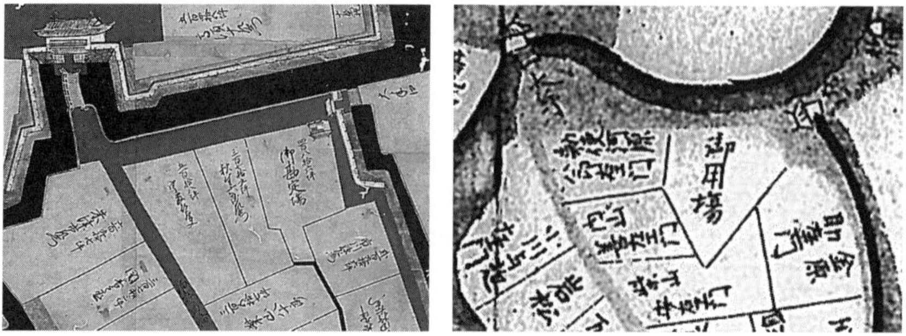

左図は『前橋城絵図』（前橋市立図書館所蔵）、右図は『前橋御城之図』（姫路市立城郭研究室所蔵）から。左図は寛文７・８年ごろで「御勘定場」、右図は寛延２年ごろで「御用場」となっている。

御勘定場／寛文７・８年（1667・1668）ごろ
『前橋城絵図』（酒井１－9） 前橋市立図書館所蔵

御勘定所／延宝８年（1680）ごろ
『前橋城絵図』（酒井２） 前橋市立図書館所蔵

御用場／正徳５年（1715）ごろ
『前橋御城之絵図』 熊谷次郎氏所蔵

御用場／享保11年（1726）ごろ
『前橋城絵図』 正幸寺《しょうこうじ》所蔵

御評定所／享保21年（1736）ごろ
『御城之中図』 姫路市立城郭研究室所蔵

御用場 寛延２年（1749）ごろ
『前橋御城之図』（『姫陽秘鑑・巻22』） 姫路市立城郭研究室所蔵

名称は、勘定場→勘定所→（評定所）→元和４年に御用場《ごようば》→評定所→御用場、と推移していることが分かる。明暦４年の勘定場という名称は、勘定所（財政・会計の仕事）が中心だったための名称かもしれないが、この場所・区域は評定所（司法関連）も含む複数の公務機能が集まった用場（役所・執務場）だったのだろう。寛文12年（1672）の家老年番制を定めた「家老勤方《つとめかた》条々」（『姫陽秘鑑・巻47』）の第１条には「年番の者、一人宛《いちにんずつ》、用場に罷《まか》り出《い》で、相《あい》勤むべきこと」（年番の者は一人ずつ用場に出仕＝出勤して勤めるべきこと）とある。勘定所を含む一帯が用場と呼ばれていたのだろう。

御用場、勘定所に関しては『姫陽秘鑑・巻22』にも書かれている。なお、当時、高須隼人定成が大胡城を預かっていた。

大昌君《だいしょうくん》（忠清）御代、御老中様《ごろうじゅうさま》方へ御届け成《な》され候て、（高須）隼人は三之曲輪《さんのくるわ》へ御移し、後は新御殿と申し候、永昌君《えいしょうくん》（忠相《ただみ》。忠清の孫）御座成《ござな》され候故《ゆえ》申し習わし候、御国替《おくにがえ》の節は本《もと》の通り御普請成さるべく候由《よし》、大破に付き御取り崩し成され度《たき》の旨《むね》御断りにて、御引き取り前橋にて御用場御勘定所に出来申し候、
（大昌君＝忠清の代に、幕府の御老中様たちへお届けなされて、高須隼人は大胡から前橋城の三之曲輪＝三之丸に移し、後に新御殿と言った。永昌君＝忠相がいらっしゃったための呼び方だった。御国替の時は元通りに御普請なさるべきことだが、大破していたため取り崩したい旨を幕府にお断りして、引き取って前橋にて御用場御勘定所ができた。）

後段の「引き取って御用場勘定所」にしたのは、明暦４年の勘定場で間違いないだろう。「御用場勘定所」は「御用場と勘定所」かもしれないが「御用場の勘定所」だろう。

前段の「高須隼人を大胡から前橋城の三之丸に移し、高須屋敷が後に新御殿と呼ばれた」件は、『重朗日記抜粋《しげあきにっきばっすい》』の元禄 16 年（1703）8 月 23 日の記載で確認できる。「（忠相が）前橋に御着、三之廓《さんのくるわ》高須隼人が旧宅を修理を加《くわえ》られて御亭とす」（（忠相が）前橋にお着きになり、三之廓＝三之丸の高須隼人の旧宅に修理を加えられて御亭とした）とある。高須屋敷は三之丸の中央部にあり、北は本多刑部左衛門、南は川合勘解由左衛門の屋敷と接していた。高須は元禄 14 年（1701）までには三之丸から島田曲輪に移っ

『重朗日記抜粋・第１』〜『同・第５』　姫路市立城郭研究室所蔵
小島純一氏撮影

たので、元禄16年には旧高須屋敷は空いていたのだろう。

高須が大胡から三之丸に移された時期は確定していない。確定していないが、おそらく寛文4年（1664）に加判役《かはんやく》に就いた（加判役に就くということは、江戸からの忠清の申渡状の宛所に入ることであり、江戸詰めから前橋あるいは大胡在住になったことを意味する）前後である。「前後」の幅は、寛文2～3年（推定）に高須隼人定成から孫の隼人定次へ代替わりした時点から、隼人定次が常時、申渡状の宛所に出てくる寛文7年（1667）までの間である。そして、実際に前橋に定住するようになったは寛文6年の途中からと推定される。つまり、高須が三之丸に移るのは寛文2～7年の期間と推定できる。

高須が三之丸に移った際、高須屋敷は新築されたのだろうか、あるいは元の住人の家臣の屋敷をそのまま利用したのだろうか。元の住人がいたとすると、立場的には年寄以下の家臣とは考えられず、別の家老が住んでいて、家老屋敷を入れ替えたのだろう。新築の場合には、気になる忠清申渡状がある。この申渡状には年号がなく、宛所の家老名から寛文4～6年の期間中のものと推定されている。その第1条と第2条を示す。

（寛文4～6年）4月25日付（姫C1-110、前035-146）。
一、大胡の台所、畳置《たたみお》き候について、竹木以下、久しき家に候について、用に立たず候由《よし》、左候はば、払わせ申すべき事、
（大胡の台所を解体・再利用することについて、竹や木など、古い家なので役に立たないとのこと。そうであるならば廃棄すること。）
一、伊勢崎《いせさき》裏門、払わせ申すべく候、長屋《ながや》の儀は、此方《こなた》へ取り申すべく候間、其の通り申し付くべく候事、
（伊勢崎陣屋の裏門は廃棄させること。長屋の件は、こちらに引き取るので、その通り申し付けること。）

伊勢崎の長屋とは、伊勢崎陣屋内にあった長屋（藩主の世話をする家臣が住む建物）のことだろう。伊勢崎陣屋は元の伊勢崎城であり、「御殿」、「御屋敷」と呼ばれ、敷地3万5200坪だった。ここの長屋であれば、それなりの規模の長屋であっただろう。問題はこの長屋が何に再利用・転用されたかである。再利用の目的は不明なのだが、高須屋敷として再利用された可能性はないだろうか。そう考える根拠は、①年代が同じであること、②第1条の大胡の台所（詳細は不明）は何に転用しようとしたのか、そして、台所が利用できないために

伊勢崎の長屋を利用したと考えられること、③陣屋の長屋ならば、後に改修して御殿としても使えるのではないか、という３点からである。あくまで、推測であるが。

なお、御用場のその後について『直泰夜話』110 項には次のようにある。

> 御用場は以前は評定所と申し候、咸休院《かんきゅういん》様（忠挙）御代、天和《てんな》４年（1684）公儀にて評定所と申すに付き御遠慮遊ばされ候、御用場と申すべく候旨《むね》仰《おお》せ付けられ候。以前は鹿（粗）末成る事に御座候えども、此の節、大胡の城の御殿を崩し候て、書院は前橋御本丸の焼火《たきび》の間《ま》に御建て成され、広間を御用場に建て遊ばされ候、
> （御用場は以前は評定所と言った。咸休院様（忠挙）の御代の、天和４年（1684）に公儀で評定所と呼ぶため御遠慮され、御用場と呼ぶようにと仰せ付けられた。以前は粗末だったけれども、この時に大胡の城の御殿を崩して、書院は前橋城御本丸の焼火の間としてお建てになり、広間を御用場としてお建てなされた。）

忠清の代の明暦４年（1658）に大胡から引き取った家で建てた勘定場の名称が評定所の名称に変わっていた、天和４年（1684）にはその建物が既に粗末な状態になっていた、そこで、天和４年に大胡の城の御殿の広間を移築して新規に御用場を建てた、とある。確かに、大胡の城は牧野氏が大胡城主だったとき（元和２年・1616 年まで）に使用されていたものであろうから、60 年近くが過ぎた天和４年に建物が古くなっていたのは当然かもしれない。

ただし、①明暦４年に伯耆曲輪に勘定場を建てた際にはそれなりに改修しただろうから、26 年後の天和４年に既に「粗末」と言えるほど老朽化するものだろうか、②この 26 年間という期間の中で同じ大胡の城から建物を引き取って、ともに勘定場、御用場という同じ建物として再利用するものだろうか、という２点の疑問は残る。本書で取り上げた中で、家臣の石高と屋敷地面積との関係、前橋の地名のこと、番代のこと、からは（3 点だけではあるが）、『直泰夜話』では忠清時代と忠挙時代とが錯綜している点もある。大胡の城の書院と広間を前橋城に移築した件についてはさらなる検討が必要かもしれない。

8）利根川水運

現在では前橋市域での利根川の水運はないが、寛文期には利根川が利用されていたことが、申渡状および筏証文《いかだしょうもん》から分かる。まずは申渡状から。

（明暦４年・万治元年、1658 年）戌《いぬ》２月 24 日付（姫 C1-50、前 036-132）
（江戸の５人の年寄の家と長屋を建てる際に必要な物があるので）其の意を得られ、船にて廻し申すべき事、

「船にて廻す」とは船に積んで江戸まで送ることである。当時の水運は利根川が利用されていた。忠清の祖父・忠世《ただよ》のときも盛んに利用された。忠世から前橋の家老・重臣に宛てた元和《げんな》６年（1620）前後の文書には、筵《むしろ》などを船で江戸に送るよう指示したり、竹を筏に組んで江戸に送るよう指示している。筏の場合には前橋の大渡《おおわたり》（現在のグリーンドームの北西にあった関所と渡し。筏河岸《かし》が有った）から直接送られたかもしれないが、荷を積んだ船で送る場合には、五料《ごりょう》（現・玉村町）河岸で荷積みしたようである。

筏証文は申渡状とは別に忠清から家老に出されていた。

寛文 12 年子《ね》（1672）６月９日付筏証文（姫 C1-18、前 032-069）
真田伊賀守殿《さなだいがのかみどの》筏百五拾壱艘《ひゃくごじゅういっそう》その他、城下相違《じょうかそうい》なく相通《あいとお》るべき者也《ものなり》、
（沼田藩の真田伊賀守信利《のぶとし》殿の筏 151 艘その他が、前橋城下を相違なく通るものである。）

真田伊賀守とは沼田藩主真田信利。寛永 12 年（1635）生まれ、明暦 2 年（1656）10 月より沼田 3 万石、12 月に伊賀守に任ぜられた。忠清の叔母が真田信吉に嫁いでいる。信吉の側室の子が信利である。延宝 8 年（1680）に流失した両国橋架け替えにあたり、沼田藩が用材調達を請け負ったが、結局は調達できず、また、それまでの農民への過酷な年貢を課してきたこともあり、伊賀守は改易となった。幕府では沼田再検地を前橋藩の忠挙に命じ、高須隼人定次を総奉行とした検地が実施された（沼田検地、貞享《じょうきょう》検地）。

延宝７年未《ひつじ》（1679）２月朔日《さくじつ》付筏証文（姫 C1-22、前 032-073）
久世大和守《くぜやまとのかみ》殿筏拾五艘、其許《そこもと》城下、相違無く相通るべき者也、

（久世大和守広之《ひろゆき》殿の筏 15 艘が、そちらの城下を相違なく通るものである。）

久世大和守広之は下総国《しもうさのくに》（千葉県北部～茨城県西部）の関宿《せきやど》藩（野田市）の藩主。忠清らと老中を務める。『寛政重修諸家譜《かんせいちょうしゅうしょかふ》』によると、上野国《こうずけのくに》（群馬県）内に久世の領地はない。15 艘の筏は買い付けた木材であろう。

9）検地

『前橋市史・第 2 巻』によると、前橋市域での江戸時代初期の検地の詳細は不明という。その理由は、元禄 2 年（1689）の検地の際に古い水帳《みずちょう》（検地帳）が引き上げられ、それ以前の水帳が残っていないことによる。ただ、元禄 2 年の水帳の末尾に、飯土居《いいどい》村では寛文 3 年（1663）、国領《こくりょう》村では寛文 4 年（1664）、宮地《みやじ》村では寛文 10 年（1670）に検地が行われたことが記されている。この 3 村の検地の年代から、前橋藩では寛文 3 ～ 10 年に検地が行われたとされている。確認はされていないが、それ以前にも当然検地はあっただろう。

申渡状では 2 度、検地の指示が出ている。

（万治 3 年・1660 年）11 月 27 日付（姫 C1-187、前 035-170）
本帳これ無き村、相改め然るべき事、
（本帳—検地本帳＝原本のことだろう—がない村は、改めるべきである。）
万治 4 年・寛文元年（1661）11 月 17 日付（姫 C1-9、前 035-172）
新井《あらい》村・今井《いまい》村・京目《きょうめ》村、縄打《なわうち》、然るべき事、
（新井村・今井村・京目村では検地を実施するべきである。）

『前橋市史・第 2 巻』に比べると忠清の代の検地の実施は少し早い。特に万治 3 年に検地帳の一斉点検指示が出ている。検地帳がない村は、当然、検地が行われただろう。翌年に名前が挙がっている新井村・今井村・京目村は、検地帳がなく、かつ 11 月までに検地が済んでいなかったのだろう。

忠清が前橋での検地の指示を出した背景としては、老中としての忠清の立場が反映されていたのかもしれない。それは、幕府では将軍家綱を実質的な「天下人《てんかびと》」とするための準備が順次なされていて、検地もその一環として必要だったためである。

家綱が天下人としての地位を確立するのは、寛文４年（1664）の寛文印知《いんち》の発給をもってと考えられている。それまで個々に発給されていた領地の朱印状が、寛文４年には全国一斉に出され、以後の将軍も同じ方法を採るようになった。寛文印知の発給は、全国の各藩の藩主も寺社も将軍の支配下にあることを示す「統一的知行体系」を家綱が掌握したことを意味する。

その準備としては以下の家綱の動向があった。

慶安４年（1651）11歳　将軍となる
万治２年（1659）19歳　元服、本丸に移る
万治３年（1660）20歳　日光社参（→中止）
寛文３年（1663）23歳　日光社参、武家諸法度発布
寛文４年（1664）24歳　国郡の郷村高辻帳の提出→寛文印地発給

寛文印知発給のためには各藩から郷村高辻帳《ごうそんたかつじちょう》（村ごとの石高帳）を提出させる必要がある。忠清が万治３年に「本帳これ無き村、相改め然るべき事」の指示を出したのは、寛文印知までの流れを想定した上での指示であったのかもしれない。

10）日光社参

徳川家康が祭られている日光東照宮への忠清の社参は、寛永17年（1640）から寛文５年（1665）にかけて合計８回ある。万治３年（1660）４月にも予定されていたが、将軍家綱の健康状態が思わしくないこともあって２月５日に中止になっている。社参準備の回数としては９回あったわけであり、これらのうち、万治３年と寛文３年の準備が申渡状に出てくる。

万治３年には２通ある。１通は（万治３年）子《ね》正月10日付（姫Ｃ 1-25、前036-194）の文書である。

本庄三弥
丹羽新助
右、両人は、御供《おとも》には召し連れられず候、光寿院《こうじゅいん》様へ、御留守中、
付かせられ候間《そうろうあいだ》、左様《さよう》に相心得《あいこころう》べき旨《むね》、申し渡すべき事、
（本庄三弥と丹羽新助の２人は、日光への御供には召し連れない。

光寿院様—忠清の母—に留守中はお仕えするので、その旨を承知するよう申し渡すこと。)

速見九兵衛

是《これ》は、御供に召し連れられず候の間、左様に心得べき由、申し渡すべき事、

(速見九兵衛は御供には召し連れないので、そのように心得るよう申し渡すこと。)

高須平兵衛

是は、当月廿《にじゅう》二、三日時分、乗掛《のりかけ》にて日光へ参るべく候の由、申し渡すべき事、

(高須平兵衛は、今月 22 ～ 23 日ごろに、荷物を付けた馬で日光へ行くよう申し渡すこと。)

もう 1 通は、同年正月 17 日付(姫 C1-7、前 036-202)の文書である。

一、今度《このたび》御供に参り候者《もの》どもに、当年の物成《ものなり》、半分御《お》借《か》し成され候事、
(今度、御供に行く者たちに、本年の給付の半分を貸すこと。)

一、高須平兵衛、日光へ参り候儀、当月は延引《えんいん》致し、三月初め時分に罷《まか》り越し然《しか》るべき事、
(高須平兵衛が日光へ行く件は、今月は延期し、3 月初め頃にこちらに来るのがよい。)

一、荒牧玄得、日光へ御供に召し連れられ候間、支度《したく》仕《つかまつ》り候様に申し渡すべき事、
(荒牧玄得は日光への御供に召し連れるので、支度をする様に申し渡すこと。)、

寛文 3 年(1663)は家光の 13 回忌にあたり、前年の寛文 2 年から準備が始められている。

(寛文 2 年・1662 年) 5 月 25 日付(姫 i-122、前 035-169)

来年日光へ供《とも》に参り候者《そうろうもの》に、金子《きんす》借《か》し申すべく候間《あいだ》、内々左様《ないないさよう》に相《あい》心得られ尤《もっとも》の事、

(来年、日光へ供に行く者に、金子を貸すので、内々そのように心得ておくのは尤もである。)

（寛文２年）寅《とら》６月 20 日付（姫 C1-34、前 036-188）
来年日光へ供《とも》の者ども、百石について金子《きんす》五両宛《ずつ》借し候間、其の通り申し渡さるべく候、
（来年、日光へ供する者たちに、100 石につき５両ずつ貸すので、その通り申し渡すように。）
（寛文３年・1663 年）卯《う》正月 14 日付（姫 C1-37、前 036-193）
日光へ供に参り候者ども、爰許《ここもと》へ残らず相越し、是より召し連れ申すべき事、
（日光に供に行く者たちは、こちら江戸に残らず来て、ここから召し連れること。）
（寛文３年・1663 年）正月 26 日付（姫 C1-61、前 035-151）
日光へ参り候者どもの馬、彦四郎・与次兵衛、見申し候様に仕るべき事、
（日光へ行く者たちの馬は、彦四郎と与次兵衛が見ておくようにすること。）

以上、万治３年と寛文２・３年の関連文書を見てきた。寛文５年４月には家康 50 回忌があり、忠清は日光山勅会《ちょくえ》総奉行（勅会とは、天皇の勅旨により行われる儀式）を命じられ、社参している。しかし、それに関する申渡状はない。前橋からの家臣の参加はなく江戸詰めの家臣だけが参加したのか、あるいは、寛文３年の対応が既に慣例とされていて、改めて申し渡す必要がなかったのだろうか。

第３節　申渡状から見える忠清の人柄

申渡状には、忠清の人柄を窺《うかが》わせる内容も出てくる。指示・命令を出す際の忠清の心情を推察しながら、筆者が感じる忠清の人柄を挙げてみる。

1）巡見使への対応

忠清は「専制政治家」と言われてきたが、専制政治家ならこんな指示はしないのではないか、と思うのが巡見使《じゅんけんし》（将軍に代わって各藩の状況を視察する）への対応である。寛文 11 年（1671）2 月 26 日付（姫 C1-16、前 036-186）の文書には以下の５条の指示がある。

一、領分中困窮《りょうぶんちゅうこんきゅう》致し候所《そうろうところ》、麦并《むぎなら》びに鳥目借《ちょうもくか》し申すべき事《こと》、
（領分中で困窮したところには麦と金銭を貸すこと。）
一、城下の町、国廻衆《くにまわりしゅう》三人の旅宿心当《こころあ》て仕《つかまつ》り、三ヶ所入り申すべく候間《そうろうあいだ》、畳表《たたみおもて》なども替えさせ申すべく候事《そうろうこと》、
（城下の町で、国廻衆（巡見使）３人の旅の宿を手配し、３カ所必要なので、畳表なども替えさせること。）
一、領分中高札《こうさつ》・制札《せいさつ》等、文字見えざるをば立て替え申すべく候事、
（領分中の高札や制札など、文字が見えないものは立て替えること。）
一、領内へ珍敷《めずらし》き医者、又は出家・儒者・神道者など参り候はば、江戸へ伺い、差し置き申すべく候事、
（領内へ見かけない医者や僧・儒者・神道者などが来たら、江戸に聞き、そのままにしておくこと。）
一、領内へ先年　公儀より御法度《ごはっと》書きの通り、いよいよ油断無く申し付け候様《そうろうよう》に、諸《しょ》代官へ申し渡すべき事、
（領内へ先ごろ公儀よりの法令書の通り、油断なく申し付けるように代官たちに申し渡すこと。）

「公儀」の語句の前が一文字分空いているのは欠字《けつじ》である。公儀への敬意を表している。2 カ月後の 4 月 6 日（姫 C2-9、前 036-126）にも重ねて指示を出している。

国廻りの衆御通《おとお》りの刻《きざみ》、万端《ばんたん》念を入れ申し付け候様に代官どもに申し渡すべく候、委曲《いきょく》は、川田金左衛門、口上に申すべく候、
（国廻り衆が御通りの時は、万端念を入れるように代官たちに申し渡すように。詳細は、川田金左衛門が口頭で伝える。）

続いて5月11日（姫C1-17、前032-084）には、国廻り衆対策として、例年5月頃に実施していた代官の人事異動を延期している。

代官替えの儀、当年は国廻りも御通り候間、来春申し渡し然るべき事、
（代官の交替の件は、今年は国廻りもお通りになるので、来春に申し渡すこと。）

巡見使は藩の状況の善悪、落度などをチェックする。大老の立場としては自分の藩運営の落度を見せるわけにはいかないので、前橋の現場で留意すべきことを指示したのだろう。巡見使への準備が他藩においてどの程度であったか不明なので、2月の5つの指示が詳細であるのか簡単なのかは判断できない。2度目の指示の時は川田金左衛門を使者として送っている。口頭で細かな指示があったのだろう。また、新任の代官では不慣れなことがあるかもしれないため、現職の代官を留任させている。

万端の準備をした上で国廻り衆を迎えている忠清の姿がある。少なくとも専制政治家の慢心があるとは思えない。

2）被災者などへの対応

「忠清は細やかな配慮をする人だったかもしれない」と思わせるのが被災者などへの対応である。既述したように、明暦3年（1657）に江戸で起きた「明暦の大火」のためか前橋で起きた火災のためかは不明だが、火災を契機にして城内にあった8つの寺院を城外に移転させ、寺跡に16人の家臣屋敷を割り当てている。このときに限らず、火事の被災者には、武士・町民・農民に限らず、建築資材の材木・竹などを与えたり、金銭を貸したり、麦を貸したりしている。こういう対応は他藩でもあることだが、他藩とは異なるかもしれない対応について、明暦4年・万治元年（1658）2月～4月の申渡状を見てみる。

・2月6日付の申渡状（姫C1-49、前036-190）。この指示の前に5つの寺院跡を6人の家臣に割り当てている。

城内諸寺《しょじ》立《た》て候について、引料《ひきりょう》ばかり遣《つかわ》し候ても、自分にて作事《さくじ》成り難《がた》

く候はば、くりにても立《た》て候て、遣《つかわ》し然《しか》るべき事、
（城内の諸寺を城外に建てることについて、移転費用だけ与えても、自力で建築できないならば、庫裏を建てるよう藩から人を遣わすのは当然である。）

以下の対策も同じことが言えるのだが、これらの指示は家老や年寄からの提案があったためなのか現場からの要望があったためかは分からない。忠清が発案者ならば緻密な配慮を欠かさない人だったのだろう。

・2月6日付の別の申渡状（姫C1-48、前035-148）。この指示の前に、22人の家臣に与えた武家屋敷の規模（既述。奥行3間《けん》5.4m×間口6間11mなど）が各人ごとに箇条書きで列挙されている。

右の通りに下《くだ》され候間《そうろうあいだ》、竹木・かや、自分に取り候儀、罷《まか》り成る間敷《まじ》く候、人足《にんそく》にて居屋敷《いやしき》迄、相《あい》届け申すべく候、
（右の通りの規模の屋敷を与えるが、建築資材となる竹や茅を自分で取ってくることは難しいだろうから、藩から人足を出して屋敷まで届けさせるように。）

・以下2条はともに2月24日付の申渡状（姫C1-50、前036-132）。この日までに8寺院の移転を指示している。

（再掲）城内諸寺立《た》て直し候について、こぼち候寺《そうろうてら》の家、新地《しんち》迄人足《にんそく》にて相届け連々《つらつら》立て申すべく候事、
（城内にある諸寺を建て直すことについて、取り壊した寺院で使用していた建材を、新しい寺院の場所まで藩からの人足に運搬させ、それらの建材を再利用して寺を建て直すこと。）
江戸より参《まい》り候者ども町屋《まちや》に罷《まか》り在《あ》り候《そうら》はば、商罷《あきないまか》り成《な》る間敷《まじ》き由《よし》、尤《もっとも》に候間、家賃とらせ申すべく候事、
（江戸から前橋に行く者たちが町屋に居るならば、町屋が商売できないとのことはもっともであるので、町屋に家賃を与えること。）

江戸から前橋に来るのは、被災者や江戸からの使者であろう。使者の場合は1～2人なので人数は多くなく、使者が利用する使者屋敷は町の中に確保され

ていたので、町屋への迷惑はなかっただろう。町屋の商売に影響するほどなのは、被災して前橋へ移った人数が多かったためだろう。

・4月11日付申渡状（再掲。姫 C1-6、前 028-074）。

類火《るいか》に逢い候者《もの》ども、諸々《もろもろ》の借金、当年差し上げ候儀、赦免の事、
（類焼に遭った者たちの諸々の借金は、今年の返金は免除すること。）

昔も今も被災者の借金返済については配慮・対策が必要である。この文は、現在の新型コロナウイルス感染症対策を想起させる。

3）もめごと・処罰に対する姿勢

忠清像を知るための格好なものとして、もめごと・処罰に対しての姿勢がある。次は、（寛文12年・1672年）子《ね》11月25日付の申渡状（姫 C1-27、前 032-086）。

玉村領茂木村《もぎむら》田口孫助と申す者出入《でいり》の儀《ぎ》、孫助理運《りうん》候《そうろう》間《あいだ》、孫助申し候《そうろう》通《どお》りに仕《つかまつ》るべき事《こと》、
（玉村領茂木村の田口孫助と申す者のもめごとの件については、孫助の言うことは道理にかなっているので、孫助の言う通りに対処すること。）

「出入（もめごと）」の内容は不明である。前橋の家老たちが対応に迷ったのだろうか。ここで肝心なのは「理運」の言葉である。忠清は「道理に合っているか否か」で考えている。おそらく、忠清は、もめごとの対応以外でも合理的に考える人だったと思われる。

万治2年（1659）には、死罪になった盗人を雇った町人（理左衛門）の処罰について再検討している。この町人は、他の者と同様に牢屋に入れてから追放することが決まっていたが、「先に追放を申し付けた者どもとは様子が違っているので」追放せずに牢に入れたままにするように指示している。最終的な処分がどうなったかは申渡状には出てこないが、地元前橋では追放と決めた町人を忠清が再検討したようだ。文書番号は、4月3日は姫 C1-102、前 036-197、6月17日は姫 C1-8、前 036-196、8月11日は姫 C1-145、前 036-185 で

ある。

4月　3日　所払いに決める→入牢させてから所払いにする手筈

6月17日　他の所払いの者は所払いにし、理右（左）衛門については牢屋に置いたままにせよ

8月11日　先日に申してきた榎町の理左衛門と子どもは所払いして当然とのことと申してきたが、理左衛門については、過日に追放を申し付けた者たちとは様子が異なっているので、とりあえず、牢に置いておくのがよい

次は（万治2年・1659）4月3日付の申渡状（前掲）である。

苗ヶ嶋《なえがしま》村の盗人《ぬすびと》の儀、三度拷問仕《ごうもんつかまつ》り候ても白状仕らず、其の上証拠もこれ無く候はば所払《ところばらい》申すべき事、
（苗ヶ嶋村の盗人の件については、３度拷問しても白状しないこと、その上、証拠がないので追放とすべきこと。）

盗人は通常は死罪だが、拷問しても自白せず、証拠もないので追放にしている。無罪でもよさそうだが、疑わしい点があったのだろうか。

逆に、通常の刑よりも重くした処罰もある。草を盗んだ者に5カ所の傷を負わせて殺した例である。殺した後にそのままにして届け出なかったことと、草を盗んだ場合には通常は罰金で済ますところを殺してしまったことの２点から、今後の処罰の前例として死罪を申し付けている。

（寛文２年・1662年）寅《とら》11月26日付（姫C1-36、前035-149）
当七月、荒口村百性《あらくちむらひゃくしょう》（百姓）召《め》し遣《つか》い、下大屋村分《しもおおやむらぶん》あれ畠にて殺され候《そうろう》、死人の主并《ぬしなら》びに好身《よしみ》の者（親しい人）畠主方へ改め仕《つかまつ》り、畠主穿鑿《せんさく》（詳しく調べる）の上、殺し候者罷《ものまか》り出《い》で候由《そうろうよし》、前橋へ申し来《きた》り候間《そうろうあいだ》、死人の様子見分《けんぶん》の為、下目付《しためつけ》両人（２人）遣《つかわ》し候処《ところ》に、打疵《うちきず》五ヶ所これ在り候、相果《あいは》て（死去）候場《は》の様子、書付《かきつけ》の通り聞き届け候、縦《たと》い草盗りに参り候とも、打ち殺し候以後申し出《いづ》べき処に、此の段不届《ふとどき》に候、今迄は草木かり取り候ても過銭《かせん》（罰金）にて相済み候処に、右の仕合《しあわせ》（なりゆき）、重畳《ちょうじょう》（重ねて）不審成る事に候、以来《いらい》（今後の）仕置《しおき》（処罰）の為に候間、殺し候者、死罪に申し付け尤《もっとも》の事、

（今年の７月、荒口村の百姓の召し使いが下大屋村分の荒れた畠で殺された。死人の主人及び親しい者が畠主方へ確認し、畠主が詳しく調べた結果、殺した者が出てきたとのことを前橋へ申して来たので、死人の様子の検分のため、下目付２人を遣わしたところ、打ち傷が５カ所あった。死んだ場所の様子を書付の通り聞き届けた。たとえ、草を盗んだ場合も、打ち殺した後に申し出るべきだったのに（しなかったのは）誤りである。これまでは草や木を刈り取っても罰金で済んでいたのに、今回の経緯は重ねて不審である。今後の処罰の前例のために、殺した者には死罪を申し付けるのが適切である。）

4）農民に対して

農民に対して我慢を強いる指示がある。延宝７年（1679）のこと（姫 C1-23、前 035-142）。

佗領《たりょう》と公事《くじ》・出入《でいり》これ有り候節《そうろうせつ》、此方《こなた》の百姓《ひゃくしょう》、随分堪忍仕《かんにんつかまつ》り候様《よう》に、代官どもに申し渡すべき事、
（他領との間で訴訟やもめごとがあったときは、こちらの百姓にできる限り我慢するように、代官たちに申し渡すこと。）

もめごとを避けるための方策だったのだろう。他藩でこういう命令が出ていたか分からないが、農民にとっては辛い指示だったかもしれない。

半面、農民保護の指示もある。

寛文元年（1661）8 月 21 日（姫 C1-150、前 035-508）に、

当作毛能《とうさくもうよ》く候由《そうろうよし》に候間《そうろうあいだ》、免相《めんそう》少しあげ候ても能《よ》くこれ有るべく候哉《や》、莵角検見《とかくけみ》に念を入れ候様《そうろうよう》に申し渡さるべく候、
（今年の稲の出来は良好なようなので、年貢率を少し上げてもよいだろう。収穫の検分を念を入れて行うように申し渡すように。）

と指示したものの、その翌日 8 月 22 日（姫 C1-151、前 035-144）に、

当作毛、宜《よろ》しく之在《これあ》る様《よう》に候間《そうろうあいだ》、少し免相も上《あ》げ候ても能《よ》く候《そうら》はん哉《や》と、申し遣《つかわ》し候《そうら》へども、一両年《いちりょうねん》は、百性も困窮致し候の様に申し候間《そうろうあいだ》、如何《いかが》之《これ》有るべく候哉、

（今年の稲の出来が良いようなので、少し年貢率を上げても良いだろうと伝えたが、ここ１～２年は百姓も困窮しているとのことなので、年貢率をどうするか。）

と要検討としている。結論としては、11 月 17 日（姫 C1-9、前 035-172）に、

領分中百性ども、草臥《くたびれ》候の様に相聞《きこ》へ候の間、壱石《いっこく》（に付き）弐升宛《にしょうずつ》加免《かめん》申し付け候間、其の通り、代官共《ども》に申し渡さるべき事、

（百姓が疲れていると聞いているため、一石につき二升の減免をすることを申し付けるので、その通り代官たちに申し渡すこと。）

と逆に年貢率を下げて減税している。

また、（延宝 2 年・1674 年）12 月 8 日（姫 C2-18、前 036-130）には年番の家老に宛てた指示がある。

領分中百性《ひゃくしょう》ども飢え申す様に相《あい》聞こえ候間《そうろうあいだ》、油断無く相改《あいあらた》め申し付けらるべく候、一人《いちにん》も餓死候《そうら》はば、其《そ》の方年番候條《ほうねんばんそうろうじょう》、越度為《おつどた》るべく候、

（領分中の百性たちが飢えているように聞こえてくるので、油断なく注意するよう申し付けるように。もし、一人でも餓死するならば、其の方が年番であるが故に落度である。）

農民を思う気持ちが表れている。藩主を宣揚するために逸話を創作したり誇張することはあるようだが、ここでは忠清自身の言葉であり事実である。

5）小括

従来、酒井忠清は専制政治家「下馬将軍」として知られてきた。しかし、2000 年に福田千鶴著『酒井忠清』が出版されて以来、忠清像は画期的に変わっ

たと思われる。福田は「彼（忠清）ほど実証的な検討を経ぬまま、ステレオタイプな専制的政治家として描かれてきた人物はいないのではないだろうか」と考え、それまでは二次史料を研究対象にしたものが多かったのに対して一次史料を中心に研究を重ねた結果、「忠清は武家故実に通じ、政治的決断力の確かさ・迅速さという点での資質に恵まれた人物であった。」と再評価している。これまで悪役イメージが強かった忠清像を覆す人物像が提示されたわけである。

この全国的な新しい忠清像と同様に、前橋の家老に宛てた忠清の申渡状を読んだ限りでも、やはり専制政治家というイメージは湧かない。前橋藩主としての忠清は藩政において「理運」を基準に物事を見ていたように思われる。また、農民や町民の保護の視点・思いを持っていたと言えよう。

前橋藩主としての忠清像を記した著作はこれまでほぼ皆無に等しい。今後取り組む課題は次の３点が挙げられよう。

１）忠清申渡状や他の史料から忠清像を明らかにすること

２）同時代の他藩主の関連史料の研究

３）忠清と他藩主との比較検討

これらの解明を通して、前橋藩主としての忠清像が浮かび上がるのではないだろうか。これらの研究は前橋あるいは群馬で進められることが望ましいだろう。

おわりに

酒井忠清申渡状に多く登場する内容や特記すべき内容などを紹介した。今回取り上げた内容以外にも、まだまだ多くの注目すべきことがあるだろう。忠清申渡状は、分からないことの多い江戸時代初期の前橋や前橋藩の研究にとって格好の題材である。今後、さらなる検討・研究がなされることを期待したい。

本書で書いた現代語訳や基礎知識など、誤りもあるかもしれない。また、筆者の調査不足も多いだろう。お気づきの方は、ご教示などをいただければ幸いである。

最後に、申渡状について３年以上にわたって共に学んだ酒井忠清申渡状研究会メンバーの、小島純一氏、関口荘右氏、田中一雄氏、中山剛志氏、古澤勝幸氏、茂木一彦氏（五十音順）、および、終始一貫、懇切なご指導をいただいた九州大学基幹教育院の福田千鶴氏に感謝申し上げる。

参考・引用文献

「酒井忠世の東叡山への献上石の銘文書」寛永 10 年（1633） 4 月 17 日、「酒井家文書」姫路市立城郭研究室所蔵（前橋市立図書館マイクロフィルム利用。番号 039 － 213）

酒井忠清申渡状 109 通、「酒井家文書」姫路市立城郭研究室所蔵（前橋市立図書館マイクロフィルム利用）。109 通の各文書番号は本文に記載。

関友之助重朗著『重朗日記抜粋』1700 年代後半、「酒井家文書」姫路市立城郭研究室所蔵（前橋市立図書館マイクロフィルム利用）

『江戸聞見録』原本の作成年不明、文化 5 年（1808）書写、東京大学史料編纂室所蔵

伊奈平八等編『姫陽秘鑑』江戸時代末期、「酒井家文書」姫路市立城郭研究室所蔵（前橋市立図書館マイクロフィルム利用）

三上参次等編『酒井家史料』1913 年、前橋市立図書館所蔵

高柳眞三「徳川時代欠落考（一）」『法学協会雑誌』第 48 号第 5 号、法学協会出版、1930 年

「寛政重修諸家譜・巻第 461」『新訂寛政重修諸家譜・第８』続群書類従完成会、1964 年

勅使河原三左衛門直泰著、斎藤幸当筆写、宮下藤雄校注『直泰夜話』1966 年

前橋市史編さん委員会『前橋市史・第２巻』前橋市、1973 年

朝尾直弘「将軍政治の権力構造」『岩波講座 日本歴史 10 近世２』岩波書店、1975 年

前橋市史編さん委員会『前橋市史・第３巻』前橋市、1975 年

藤井譲治「家綱政権論」松本四郎・山田忠雄編『元禄・享保期の政治と社会』有斐閣、1980 年

前橋市史編さん委員会『前橋市史・第５巻』前橋市、1984 年

群馬県史編さん委員会『群馬県史・資料編 14』群馬県、1986 年

伊勢崎市『伊勢崎市史・資料編２』伊勢崎市、1989 年

群馬県史編さん委員会『群馬県史 通史編４』群馬県、1990 年

田中誠二「藩制機構と家臣団」藤井譲治編『日本の近世 第 3 巻 支配のしくみ』中央公論社、1991 年

伊勢崎市『伊勢崎市史・通史編２』伊勢崎市、1993 年

辻 達也『江戸幕府政治史研究』続群書類従完成会、1996 年

福田千鶴『酒井忠清』吉川弘文館、2000 年

福田千鶴「酒井忠清の申渡状について」『ぐんま史料研究・第 14 号』、群馬県立文書館、2000 年

堀田弘之「雅楽頭酒井家の『六臣譚筆』について」兵庫県立歴史博物館紀要『塵界・第 12 号』2000 年（松下高保他『六臣譚筆』享和元年（1801））

工藤茂博「熊谷家文書『大胡ノ図』について」『城郭研究室年報・第 18 号』、姫路城郭研究室、2009 年

姫路市市史編集委員会『姫路市史・第４巻』姫路市、2009 年

稲葉朝成『結城松平家と家臣団』稲葉朝成、2015 年

特定非営利活動法人まやはし編『前橋風・創刊号 再考・前橋城』特定非営利活動法人まやはし、2015 年

前橋市教育委員会文化財保護課編『前橋城絵図帳』前橋市教育委員会文化財保護課、2017 年

特定非営利活動法人まやはし編『前橋風・第 3 号 酒井忠清申渡状 109 通の翻刻』特定非営利活動法人まやはし、2019 年

野本文幸『前橋歴史断簡』上毛新聞社、2020 年

著者略歴

野本文幸／のもと・ふみゆき

（野本クリニック院長、特定非営利活動法人まやはし理事長、『前橋風』編集人）

1950年前橋生まれ。北海道大学医学部医学科卒業。群馬大学医学部附属病院、前橋赤十字病院に勤務し、現在は野本クリニック院長。
著書に『お父さん子育てしてますか』（朝日新聞社）、『朔太郎と前橋』（共著）（前橋文学館）、『写真で見る るなぱあくの歴史』（ＮＰＯ法人まやはし）、『前橋歴史断簡』（上毛新聞社）などがある。前橋の歴史についての随筆や論文を『群馬県医師会報』や『前橋風』に発表している。

創刊の辞

前橋に市制が敷かれたのは、明治25年（1892）4月1日のことでした。群馬県で最初、関東地方では東京市、横浜市、水戸市に次いで4番目でした。

このように早く市制が敷かれたのも、前橋が群馬県の県庁所在地（県都）であった上に、明治以来の日本の基幹産業であった蚕糸業が発達し、我が国を代表する製糸都市であったからです。

しかし、昭和20年8月5日の空襲では市街地の8割を焼失し、壊滅的な被害を受けました。けれども、市民の努力によりいち早く復興を成し遂げ、昭和の合併と工場誘致で高度成長期には飛躍的な躍進を遂げました。そして、平成の合併では大胡町・宮城村・粕川村・富士見村が合併し、大前橋が誕生しました。

近現代史の変化の激しさは、ナショナリズム（民族主義）と戦争、インダストリアリズム（工業主義）、デモクラシー（民主主義）の進展と衝突、拮抗によるものと言われています。その波は前橋にも及び、市街地は戦禍と復興、郊外は工業団地、住宅団地などの造成や土地改良事業などで、昔からの景観や生活様式は一変したといえるでしょう。

21世紀を生きる私たちは、前橋市の歴史をどれほど知っているでしょうか。誇れる先人、素晴らしい自然、埋もれた歴史のすべてを後世に語り継ぐため、前橋学ブックレットを創刊します。

ブックレットは研究者や専門家だけでなく、市民自らが調査・発掘した成果を発表する場とし、前橋市にふさわしい哲学を構築したいと思います。

前橋学ブックレットの編纂は、前橋の発展を図ろうとする文化運動です。地域づくりとブックレットの編纂が両輪となって、魅力ある前橋を創造していくことを願っています。

前橋市長　山本　龍

前橋学ブックレット㉓

| 酒井忠清 申渡状を繙《ひもと》く |

発 行 日／2020 年 11 月 28 日 初版第 1 刷

企　　画／前橋学ブックレット編集委員会
〒 371-8601　前橋市大手町 2-12-9　tel 027-898-6994

著　　者／野本文幸

発　　行／上毛新聞社デジタルビジネス局出版部
〒 371-8666　前橋市古市町 1-50-21　tel 027-254-9966

ISBN 978-4-86352-271-8

ブックデザイン／寺澤　徹（寺澤事務所・工房）

前橋学ブックレット〈既刊案内〉

❶日本製糸業の先覚 速水堅曹を語る（2015 年）
石井寛治／速水美智子／内海　孝／手島　仁　ISBN 978-4-86352-128-5

❷羽鳥重郎・羽鳥又男読本 ―台湾で敬愛される富士見出身の偉人―（2015 年）
手島　仁／井上ティナ（台湾語訳）　ISBN 978-4-86352-129-2

❸剣聖 上泉伊勢守（2015 年）
宮川　勉　ISBN 978-4-86532-138-4

❹萩原朔太郎と室生犀星 出会い百年（2016 年）
石山幸弘／萩原朔美／室生洲々子　ISBN 978-4-86352-145-2

❺福祉の灯火を掲げた 宮内文作と上毛孤児院（2016 年）
細谷啓介　ISBN 978-4-86352-146-9

❻二宮赤城神社に伝わる式三番叟（2016 年）
井野誠一　ISBN 978-4-86352-154-4

❼楫取素彦と功徳碑（2016 年）
手島　仁　ISBN 978-4-86352-156-8

❽速水堅曹と前橋製糸所 ―その「卓犖不羈」の生き方―（2016 年）
速水美智子　ISBN 978-4-86352-159-9

❾玉糸製糸の祖　小渕しち（2016 年）
古屋祥子　ISBN 978-4-86352-160-5

❿下馬将軍 酒井雅楽頭の菩提寺　龍海院（2017 年）
井野修二　ISBN 978-4-86352-177-3

⓫ふるさと前橋の刀工 ―古刀期～近現代の上州刀工概観―（2017 年）
鈴木　叡　ISBN 978-4-86352-185-8

⓬シルクサミット in 前橋 ―前橋・熊本・山鹿・宇都宮・豊橋―（2017 年）
前橋学センター編　ISBN 978-4-86352-189-6

⓭老農・船津伝次平の養蚕法（2017 年）
田中　修　ISBN 978-4-86352-193-3

⓮詩のまち　前橋（2018 年）
久保木宗一　ISBN 978-4-86352-215-2

⓯南橘地区の筆子塚からみる庶民教育（2018 年）
南橘地区歴史文化活用遺産委員編　ISBN 978-4-86352-225-1

⓰上川淵地区の伝統行事と祭り（2018 年）
上川淵地区郷土民俗資料館編　ISBN 978-4-86352-229-9

⓱富士見かるた（2018 年）
富士見地区歴史文化遺産活用委員編　ISBN 978-4-86352-230-5

⓲下川淵カルタ（2019 年）
下川淵地区歴史文化遺産活用委員編　ISBN 978-4-86352-235-0

⓳前橋の旧町名（2019 年）
町田　悟　ISBN 978-4-86352-240-4

⓴前橋市と古利根川［上巻］先史利根川と古代利根川（2019 年）
小野久米夫　ISBN 978-4-86352-241-1

㉑前橋市と古利根川［下巻］中世根川と近世利根川（2019 年）
小野久米夫　ISBN 978-4-86352-243-5

㉒山王廃寺は放光寺（2020 年）
松田　猛　ISBN 978-4-86352-266-4

各号　定価：本体 600 円＋税